Hello
헬로우
그래머 캣
1권 명사와 관사

금장미 (로즈)

평범한 초등학교 3학년이자 캣 잉글랜드의 공주. 키우던 고양이들에게 이끌려 캣 잉글랜드로 가게 된다. 아버지의 책 〈그래머 캣〉의 비밀을 풀 수 있는 유일한 사람이다.

루이 블랙 (까망이)

캣 잉글랜드의 백작. 아버지가 왕위에 올랐으나 자신은 왕자로 인정받지 못했다. 아버지의 명을 받아 장미를 캣 잉글랜드로 데려간다.

에드워드 화이트 (하양이)

캣 잉글랜드의 왕실 수호기사. 캣 잉글랜드의 명문가 아들로, 어릴 적 장미와 친하게 지냈다. 장미를 여동생처럼 귀여워한다.

위너 브라운 (길냥이)

막대한 부를 가진 캣 잉글랜드의 상인. 정체를 알 수 없는 수상한 인물로 무슨 목적을 가지고 장미에게 접근했는지는 아무도 모른다.

블랙 1세

현재 캣 잉글랜드의 왕이자 장미의 삼촌. 장미의 아버지인
골드 3세가 왕위를 버리고 떠나자 왕좌를 물려받게 된다.
골드 3세와 그가 가진 골드 스톤을 찾으려 한다.

샤를

캣 잉글랜드의 궁전 집사. 대대로 캣 잉글랜드의 왕궁을 지
켰다. 장미의 어린 시절 교육을 담당했었고 장미를 여러 방
면으로 도와준다.

골드 3세 (장미 아빠)

장미 엄마와의 사랑을 지키기 위해 왕위를 버리고 인간 세상으
로 떠났다. 그러던 어느 날, 아내와 딸을 남겨둔 채 갑자기 사라
져 버렸다. 〈그래머 캣〉의 주인이기도 하다.

유진 (장미 엄마)

장미의 엄마. 사라진 남편의 빈자리를 채우며 꿋꿋이 장미
를 키운다. 고양이 인간과 결혼해 장미를 낳았지만 장미에겐
비밀로 하고 있다.

차례

Hello
헬로우
그래머캣
1권 명사와 관사

내가 캣 잉글랜드의 공주라고?

GRAMMAR CAT

어?
여긴 어디지?
아름다운 성?
멋진 풍경인데!
공주님!
옷은 다 입으셨어요?
서두르세요!

다들 기다리신다고요!
저 들어갑니다!
똑
똑

누가 기다린다고?
저 뒷모습은
혹시 나야?

◆ **영단어** 학습 : England 잉글랜드(= 영국), wonderful 멋진
clothes 옷, enter 들어가다

끼이익..
대답이 없으신 걸 보니 다 입으셨죠? 들어갑니다!
역시, 이 샤를의 눈이 틀리지 않았군요! 공주님의 하얀 피부에는 분홍색이 어울려요!
고양이 귀가 달린 사람이다!
그리고 공주라니? 누가? 설마 나?
어? 나한테도 고양이 귀가 달렸어!

영단어 학습 : answer 대답하다, wear 옷을 입다
princess 공주, ear 귀

이런 이런~,
또 허리띠를
느슨하게 묶으셨네요.
이게 꿈이라고
하기에는
너무 생생해 ….
서두르세요.
밖에서 다들 기다리고
계신다고요!
잠깐만요!
아까부터 대체 누가
기다린다는 거예요?
누구긴요.
공주님께 청혼한
세 분의 약혼자
후보분들이죠!
나한테 약혼자
후보가 있다고?
그것도 세 명이나?
끼익
욱~
짝~

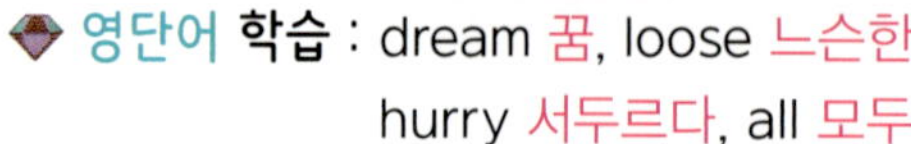

영단어 학습 : dream 꿈, loose 느슨한
hurry 서두르다, all 모두

8

와아,
허리에 검을 찬
잘생긴 기사님이
약혼자 후보 1번
인가?

이 사람이
약혼자 후보 2번?
그런데 왜 날 노려보지?
내가 뭘 잘못했나?

약혼자 후보 3번!
앗, 얼굴이 잘 안 보여.
보석이 주렁주렁~,
엄청난 부자인가?

◆ **영단어 학습** : waist 허리, face 얼굴
person 사람, rich 부유한

지금 꿈을 꾸고 있는 걸까? 믿이지지가 않아!
이렇게 멋진 사람들이 나한테 한꺼번에 청혼을 하다니!
공주님을 오래 기다렸습니다. 결정은 내리셨나요?
홋, 대답을 굳이 들을 필요 있나?
네? 제가 왜 당신을….
어차피 날 선택할 거잖아. 안 그래, 공주?
도대체 내가 무슨 선택을 해야 해요?
공주님! 진정하세요!

영단어 학습 : handsome 잘생긴, decide 결정하다
you 당신, choice 선택

오늘 세 분 중
한 분을 약혼자로
최종 결정하겠다고
말씀하셨잖아요!
네?
제가요?
언제요?
모두 처음 보는 데다
다들 멋있는데
이 중에 한 명을
골라야 한다고?
공주,
아버님을….
그래머 캣을
찾아….

무슨 얘긴지
모르겠지만….
갑자기 약혼자를
선택하라니….
따라와요,
공주님!
금장미~!
장미야아~!

◈ 영단어 학습 : final 최종, when 언제
first 처음, father 아버지

금장미, 일어나!
학교 가야지!
아함,
하양이다~
안녕.
까망이도 보이네?
너도 안녕.
음냐,
여기는?
나옹~

금장미~!
전학 첫날부터
지각하더니,
오늘도 지각할래?
으앙!
아니요!

냥~
어? 책꽂이에
있던 아빠 책이 왜
바닥에 있지?

◆ 영단어 학습 : late 늦은, school 학교
book 책, floor 바닥

맞다!
그러고 보니
꿈에서 책이 어쩌고
했던 것 같은데….
야옹!
내 이름은 금장미.
초등학교 3학년.
아빠는 내가 어렸을 때
먼 나라로 여행을 떠나셨어.
그 후로 엄마와
단둘이서만 살고 있지.

꿈에서 내가
공주가 됐는데,
세 명의 남자 중에서
약혼자 한 명을
고르라는 거야!
어머, 그래?
다들 잘생겼어?
응, 모두
엄청 잘생겼는데
정확히 기억이
안 나네!

서울로
이사 오던 날,
집 앞에서 주워 온
하양이와 까망이.
쉿!
뭐야~,
잘생겼다면서
기억이 안 난다고?
얘들은 우리 집에서
키우는 고양이들이야.
우리 가족은
이렇게 해서
모두 넷이야.

영단어 학습 : name 이름, dad 아빠
house 집, mom 엄마

13

하긴, 내가 공주라니 말도 안 되지. 소심하고 내성적이라 눈에 띄지도 않는 걸?
잉글램 국제학교
특히나 학교에선 말이지….

단어는 뜻을 가진 가장 작은 말이에요. 문장은 단어들이 모여 완전한 생각을 나타내는 걸 말해요.
3-F
자, 칠판에 쓴 단어를 알맞게 나열해 문장으로 고쳐 볼 사람?
a bananas onkey eats

여러분의 높은 영어 수준에서 문장 고치기 정도는 애교죠?

제발 제발

단어 : I(나) / am(~이다) / a(하나의) / princess(공주)
문장 : I am a princess. 나는 공주이다.

24번, 앞으로 나와 볼까요?!
혹시 네가 어제 전학 온 금장미 학생인가?
네.
윽! 걸렸다!
금발에 눈동자가 아주 예쁘구나! 외국인이니?
Where are you from? (어디 출신이니?)
네? 그게, 무슨….
선생님, 영어로 말하시면 재 못 알아들어요!

bananas
monk
e

◆ 단어 : Where(어디) / are(~이다) / you(너, 당신) / from(~로부터)
문장 : Where are you from? 너는 어디 출신이니?

아버지가 외국 사람인데, 일찍 돌아가셨고 계속 시골에서만 살았대요.
저희가 어제 다 물어봤어요! 그냥 시골 애래요. 외국인이 아니라.
저기… 돌아가신 게 아니고 여행 가신 건데요….
어디로 가셨는지는 잘 모르지만.
흠, 그래? 그래도 이 정도는 할 수 있겠지?
네? 네.
바나나? 원숭이? 이 단어들을 이으면 문장이 되겠지?
휴~, 다들 쳐다보는데, 한번 제대로 해 보지 뭐!
a
bananas
monkey
eats
amonkey
쓱
쓱

◆ 영어 문장의 첫 글자는 대문자 : A monkey eats bananas. 원숭이는 바나나를 먹는다.
Monkeys like bananas. 원숭이는 바나나를 좋아한다.

amonkeyeatsbananas

"amonkeyeatsbananas."
선생님, 다 썼어요.

푸하하, 단어를 왜 저렇게 붙여 썼지?
하하, 심지어 문장의 첫 글자도 소문자로 썼어.
amonkeyeats bananas

뭐지?
다들 왜 웃는 거야?
제대로 쓰지 않았나?

장미야,
영어 문장의 첫 글자는 대문자로 써야지.
또 영어 문장의 모든 단어는 띄어서 써야 한단다.

Q. 영어 문장의 특징은 무엇일까?

A. 대문자와 띄어쓰기

① 문장의 첫 글자는 항상 대문자.

예 **My name is Jangmi.**
대문자

② 모든 단어는 띄어쓰기!

예 **A monkey eats bananas.**

① 내 이름은 장미야.
② 원숭이는 바나나를 먹는다.

영어 문장의 **모든 단어는 띄어쓰기** : I like bananas. 나는 바나나를 좋아한다.
I eat bananas. 나는 바나나를 먹는다.

"A monkey eats bananas."로 고쳐 쓰는 게 맞겠지!
휴, 전학 첫날에는 지각! 둘째 날에는 망신이잖아!

자, 이번엔 문장의 재료인 품사에 대해 배울 거예요.
문장은 단어로 이뤄져 있다고 했죠?

단어를 성질이 같은 것끼리 묶어 놓은 것을 품사라고 해요.

Q. 품사란 무엇일까?
A. 성질이 같은 단어를 묶어 놓은 것
명사
사물, 물질
apple 사과
동사
동작이나 상태
like 좋아하다
형용사
형태나 성격
long 긴
부사
뜻을 분명하게!
well 잘

오늘 수업은 여기까지. 잊지 말고 숙제 꼭 해 오세요!
네!

안녕!
내일 보자!

◆ 명사(名 이름 명, 詞 말 사) : 사물의 이름을 나타내는 말
동사(動 움직일 동, 詞 말 사) : 움직임이나 상태를 나타내는 말

흐음, 품사를 이용해 영어 문장 만들기? 이렇게 어려운 숙제를 내 주시다니!
우선 품사가 뭔지 다시 읽고.
동사는 주어의 상태나 동작을… 근데, 주어가 뭐지?
휴!
캬아옹!
멍청이!
주어가 뭔지도 모르면서, 무슨 문장을 만든다고!
응? 방금 누가 뭐라 했는데?
안 됩니다! 참아요!
안 되겠어! 이거 놔! 더는 못 참아!
ENGLISH

◆ 형용사(形 모양 형, 容 얼굴 용, 詞 말 사) : 사물의 생긴 모양이나 성격을 나타내는 말
부사(副 도움 부, 詞 말 사) : 동사나 형용사, 다른 부사를 도와주는 말

슈우··우··우
Change!
(변신하다!)
펑
이런 바보 같은
여자애가 캣 잉글랜드의
유일한 희망이라니!
말도 안 돼!
어?
누구세요?
ENGLISH
에휴, 누구긴!
바보 같으니까
그 입 다물어!
턱

◆ **영단어** 학습 : change 변하다, 변신하다, girl 여자아이
shut 닫다, hope 희망

잘 들어. 처음이자 마지막으로 말해 주겠어. 나는 캣 잉글랜드의 백작, 루이 블랙.
문장의 기본 요소를 모르다니! 문장은 주어와 동사! 이 두 가지가 있어야 한다고!
뭐? 뜬금없이 문장?

Q. 문장의 기본 요소에는 무엇이 있을까?

A. 주어, 동사, 목적어, 보어

① 주어 : '누가', '무엇이'에 해당하는 말

② 동사 : 주어의 움직임과 상태를 나타내는 말

③ 목적어 : 동작의 대상이 되는 말

④ 보어 : 주어와 목적어를 꾸며 주는 말

예 Jangmi   likes   cats.
  ① 주어   +   ② 동사   +   ③ 목적어
  ① 장미는 + ③ 고양이를 + ② 좋아한다.

예 Jangmi   is   a princess.
  ① 주어   + ② 동사 + ④ 보어
  ① 장미는 + ④ 공주 + ② 이다.

문장의 기본 요소도 모르면서 무슨 영어를 한다고. 학교에서 도대체 뭐 하냐?!
백작님, 이제 그만 진정하시죠.
툭

왼쪽의 문장으로 확인!

◆ 문장의 기본 요소 : My name is Ruy Black. 내 이름은 루이 블랙이다.
       주어

스으윽
이·럴·수·가!
우리 집 고양이들이
사람으로….
멍~
저 공주는
영어 까막눈이라고!
우린 이제 망했어!
탁
이럴
수가..
우리가 사람으로
변한 것도 놀랄 일인데,
다짜고짜 화부터 내시면
공주님이 더 놀라시죠.
이래 가지고
골드 3세의 책을
어느 세월에 읽을 수
있겠냐고!
휴, 아버님께는
이 사태를 뭐라고
말씀드리지?
공주님,
저는 캣 잉글랜드의
기사, 에드워드
화이트입니다.   이 책을
봐 주시겠
습니까?
너무
부정적이시군요.
한번 시도해 봐야
아는 거죠.
책이요?

◆ **문장의 기본 요소** : I am Edward White. 나는 에드워드 화이트이다.
주어

어? 이건
아빠의 책인데?
맞아요. 이 책은
공주님의 아버님이신
골드 3세 전하가 쓰신
〈그래머 캣〉이에요.
이 책이
골드 3세 전하를
찾을 수 있는
유일한 단서죠.
그래머 캣?
우리 아빠가
골드 3세 전하?
게다가 이걸로 아빠를
찾는다고?

왜 이런
믿을 수
없는 일이
자꾸만….

앗!
글씨다!

◆ **문장의 기본 요소** : I read the book. 나는 그 책을 읽는다.
동사

거기에 쓰여진 게 보이긴 해?
휴, 그나마 보이신다니 다행이네요.
당연한 거잖아!
그게, 보이긴 보이는데 전부 영어라서 무슨 뜻인지 잘….
* 혈통 : 같은 핏줄의 계통.
너는 캣 잉글랜드 왕가의 순수*혈통인 골드니까.
그 책은 골드들만 읽을 수 있는 특별한 마법이 걸려 있어서 우린 읽을 수 없다고.
순수 혈통? 골드? 도대체 무슨 말인지?
영어 일자무식이라 읽을 수가 없는데.
쳇, 보이면 뭐 해?
움찔

◆ 문장의 기본 요소 : She knows the book. 그녀는 그 책을 안다.
동사

걱정 마세요.
우리가 알려 드리면 되죠.
공주님은 지금 무척 혼란
스러우실 거예요.

문장의 기본도
모르는 무식이를
어느 세월에
가르친담.

잘생겼다····

공주님께서 영어 문장을
읽으실 수 있도록, 지금부터
우리가 영어 문법을
알려 드리는 겁니다!

이봐요!
아까부터 자꾸
무식하네, 어쩌네
하는데요!

그쪽이야말로
느닷없이 나타나선
공주니, 순수 혈통
이니 알 수 없는
소리만 해 대고!

····

당신들의
정체부터
밝혀야 예의가
아닐까요?

····

◆ **문장의 기본 요소** : We teach English. 우리는 영어를 가르친다.

목적어

봐 봐, 아무것도 기억 못 하잖아. 공주는 무슨!
하지만 캣 잉글랜드에 직접 가 보면 기억이 나실 수도 있어요.
공..공쥬?
자기 고향이 캣 잉글랜드라는 것도, 공주였다는 사실도 다 잊었다고!
그거야, 어렸을 때 인간 세상에 오셨으니까 기억이 희미해지신 거겠죠.
빨리 자기 정체를 알려면 그 편이 나을지도….
꽈
악
가자! 캣 잉글랜드로!
에? 갑자기? 어디를?
어디긴! 네 고향이지!
치
진
짜

◆ **문장의 기본 요소** : Her home is Cat England(보어). 그녀의 고향은 캣 잉글랜드이다.
(Her home = Cat England)

금장미, 네가 태어난 곳! 캣 잉글랜드로!
이상한 데로 끌고 가려는 거지?
이상한 데라니! 이 여자가!
공주님!
옥신
각신
파
치
치
치
스윽
걱정 마십시오.
어디를 가시든 이 에드워드 화이트가 공주님을 꼭 지켜 드리겠습니다.

🔹 **문장의 기본 요소** : She is a princess(보어). 그녀는 공주이다.
(She = princess)

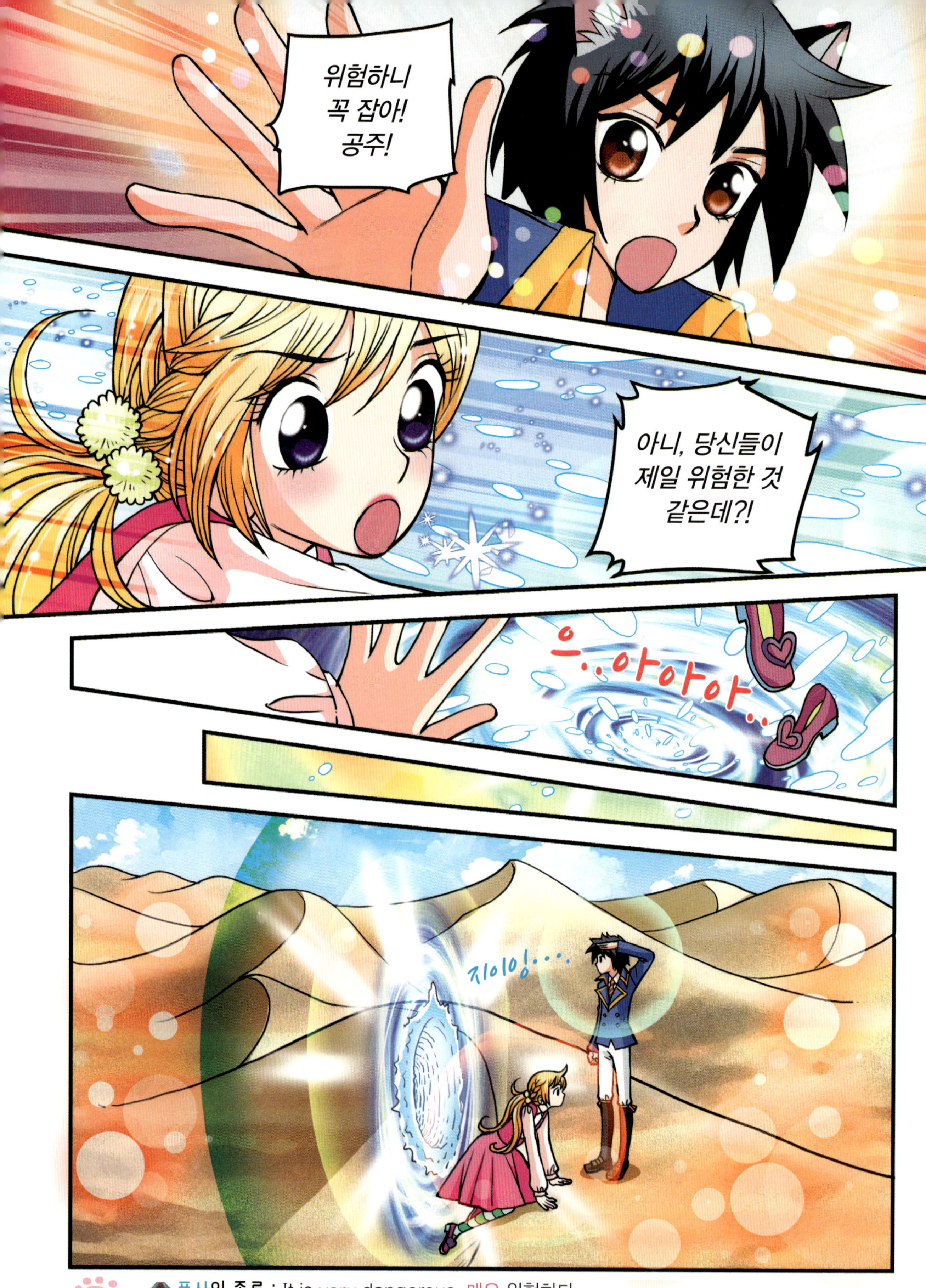
위험하니 꼭 잡아! 공주!
아니, 당신들이 제일 위험한 것 같은데?!
으..아아아...
지이잉....

◆ **품사**의 **종류** : It is <u>very</u> dangerous. **매우** 위험하다.
형용사를 꾸며주는 부사

자,
도착했습니다.

이곳은
꿈에서 본 그 성?!
그럼 정말로….

내가 그 꿈속의
공주란 말이야?

품사의 종류 : This is a <u>real</u> castle. 이것은 진짜 성이다.
명사의 상태를 나타내는 형용사

1장 문장과 품사란 무엇일까?

01. 단어와 문장

(1) 단어 : 뜻을 가진 가장 작은 말

- 예 **apple** 사과, **book** 책, **love** 사랑

(2) 문장 : 단어들이 모여 완전한 생각을 나타내는 말

- 예 **I am a student.**
  (나는 학생이다.)
- 예 **You are a student.**
  (너는 학생이다.)

단어는 뜻을 가진 가장 작은 말! 단어가 모이면 문장이 되는구나!
a monkey eats
A bana
쓱
쓱

02. 영어와 우리말의 차이

(1) 문장의 맨 앞 글자는 꼭 대문자

- 예 **My name is Jangmi.**
  대문자
  내 이름은 장미야.
- 예 **Your name is Ruy.**
  대문자
  네 이름은 루이야.

(2) 문장은 모든 단어를 띄어쓰기

- 예 **A monkey eats bananas.**
  원숭이는 바나나를 먹는다.
- 예 **I like bananas.**
  나는 바나나를 좋아한다.

큭큭, 문장의 맨 앞 글자는 대문자라고!
문장의 모든 단어는 띄어 써야지!
abananathemonkey

o3. 문장의 기본 요소

주어

'누가', '무엇이'에 해당하는
문장의 핵심이 되는 말
예 **I am a girl**.
　　나는 소녀이다.

동사

주어의 움직임과 상태를 나타
내는 말
예 **They play soccer**.
　　그들은 축구를 한다.

목적어

'~을', '~를'에 해당하며 동작
의 대상이 되는 말
예 **They like us**.
　　그들은 우리를 좋아한다.

보어

주어와 목적어를 꾸며 주는 말
예 **She is a teacher**.
　　그녀는 선생님
　　이다.

궁금해요?!

Q. 영어의 **품사**란 무엇일까요?

A. 품사(品 물건 품, 詞 말 사)는 같은 성질을 가진 단어들

명사 　사람, 사물, 동식물, 장소, 보이지 않는 것들의 이름
　　　　예 boy 소년, dog 개, tree 나무, idea 생각

대명사 　명사를 대신하는 말
　　　　예 I 나, you 너, he 그, she 그녀, we 우리, they 그들

동사 　주어의 동작, 상태를 나타내는 말
　　　　예 do 하다, go 가다, have 가지다, like 좋아하다

형용사 　사람이나 사물의 모양이나 상태를 나타내는 말
　　　　예 big 큰, small 작은, long 긴, good 좋은

부사 　동사, 형용사, 부사를 꾸며 주는 말
　　　　예 very 매우, well 잘

캣 잉글랜드의 축제, 골드 데이!

이런, 축제 때문에 모든 말과 마차들이 이미 예약 중이래요.
축제요?
뭐야, 그럼 성까지 걸어가야 해?
여기서 성까지 족히 두세 시간은 걸린다고!

어쩔 수 없죠.
백작님이 너무 급하게 차원의 문을 여시는 바람에 이렇게 된 거니까요.
어쭈, 지금 내 탓하는 거야?

하하, 그럴 리가요.
왠지 이 두 사람…
친한 듯, 안 친한 듯.

◆ 영단어 학습 : horse 말, walk 걸어가다
hour 시간, door 문

이들에게 끌려온 낯선 이곳은 고양이 인간들이 사는 나라 '캣 잉글랜드'라고 한다.

고양이 인간 1번, 에드워드 화이트. 친절한 흰 고양이 인간. ☆ 하양이가 변신!

'에드'라고 불러 주세요.

고양이 인간 2번, 루이 블랙. 까칠하고 불평 많은 검은 고양이 인간. ★ 까망이가 변신!

첫!

우리 아빠가 '캣 잉글랜드'의 왕이었고, 나는 공주였다는데 믿을 수가 없어.

나 같이 평범한 애가 공주라니!

근데, 무슨 축제를 하는 거예요?

33

'골드 데이'라고, 캣 잉글랜드를 세운 초대 왕을 기리는 국경일이에요.

골드?
골드는 캣 잉글랜드를 세운 초대 왕의 이름이야.

또한 왕의 *직계 계급을 나타내기도 하지.
넌 골드 3세의 딸이니까 골드 계급이야.
내가 골드 계급이라고?

* 직계 : 부모와 자식으로 이어지는 관계.

우리 아빠가 왕이라서 내가 골드 계급이란 말이죠?
도대체 몇 번을 묻는 거야?

갑자기 너무 엄청난 일이 일어났으니까….

◆ 영단어 학습 : build 세우다, daughter 딸
believe 믿다, class 계급

Hi!
(안녕!)
I like it.
(나 그거 마음에 들어.)
Oh, really?
(오, 정말?)
영어 나라라 사람들이 다들 영어를 쓰니까 하나도 못 알아듣겠어.
그래도 왠지 정겨운 느낌이 들기도 하네.
아직도 전혀 기억이 안 나는 모양인데?
두리번
두리번
속닥 속닥
아버님께 데려갔다가 무슨 말을 들을지 모르겠네.

할 수 없죠. 인간 세계에서 오래 사셨으니….
두리번
영어는 가르쳐 드리면 되고요.

귀찮은 건 딱 질색인데 언제 가르쳐서 책을 읽힌담!
걱정 마세요, 공주님 교육은 제가 책임질 테니.

◆ **영단어** 학습 : hi 안녕, like 좋아하다
really 정말로, worry 걱정하다

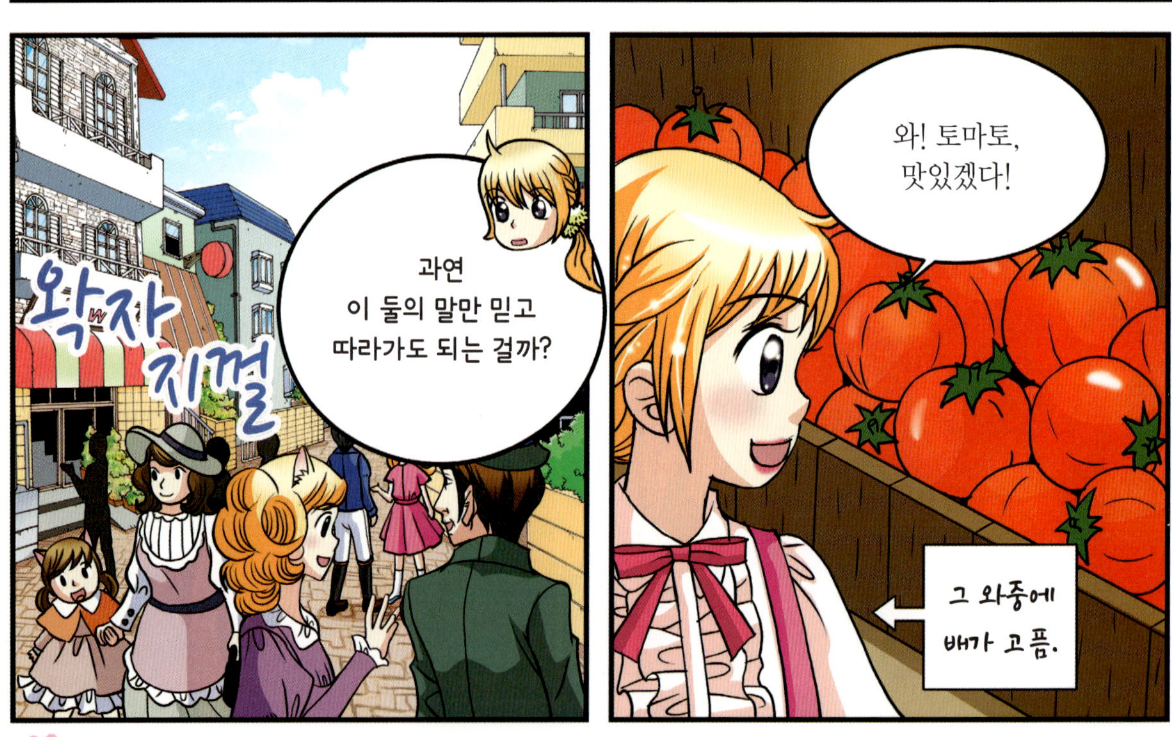
공주님,
더 늦기 전에
출발하시죠.
아~ 네,
너무 신기해서
그만.
이 사람들이
하양이, 까망이란 게
전혀 믿기지 않아.
과연
이 둘의 말만 믿고
따라가도 되는 걸까?
왁자
지껄
와! 토마토,
맛있겠다!
그 와중에
배가 고픔.

◆ 영단어 학습 : start 출발하다, follow 따라가다
two 둘, tomato 토마토

배고프시죠? 토마토 하나 드시겠어요?
우아~, 사 주시는 거예요?

뭘 사 줘!
돈 줄 테니까, 네가 사 와!

공주님은 영어를 못 하셔서 말이 통하지 않을 텐데요….
영어는 실전이야. 직접 부딪쳐야 한다고.

어서 가!
혼자요? 싫은데….
뚝
Excuse me. (실례합니다.)
Hello, lady? (안녕, 아가씨?)
에이, 몰라! 그냥 부딪쳐 보자.

◆ **생활 영어** 학습 : Excuse(용서하다) me(나를).
실수를 했을 때, 말을 걸 때, 다시 한 번 말해 달라고 부탁할 때 쓰는 표현.

Three tomato, please.
(토마토 세 개 주세요.)
?
Ah!
(아!)
Three tomatoes?
(토마토 세 개?)
tomatoes?
tomato랑 다른 건가?
어쨌든,
그냥 yes 하자.
몰라 몰라.
tomatoes는 뭐지?
토마토 친구인가?
YES!
YES!
끄덕
끄덕
근데, 아까
그 아주머니는 왜
tomato를 tomatoes라고
한 거예요?
우아~,
저 혼자서 장보기
성공했어요!
와구
와구

◈ 명사의 단수형 : I want a tomato. 나는 토마토 한 개를 원한다.
I want an apple. 나는 사과 한 개를 원한다.

Q. 명사의 단수형과 복수형은 어떻게 표현할까?

A.

셀 수 있는 명사의 단수형	셀 수 있는 명사의 복수형
apple  사과	**apples** 사과들
dog 개	**dogs** 개들
cat 고양이	**cats** 고양이들

◆ **명사의 복수형** : I want three tomatoes. 나는 토마토 세 개를 원한다.
I want three apples. 나는 사과 세 개를 원한다.

품사 중에서 명사는 어떤 거라고 했죠?
네, 명사의 명(名)은 한자로 '이름'을 뜻해요.
물건이나 사람 등 이름을 가진 것들은 모두 명사예요.
음, 뭔가의 이름이라고 했는데….
아는 게 신기하네.
저기… 그럼 명사를 예를 들어 설명해 주신다면요?
바보야, 이 세상 거의 모든 것들이 다 명사잖아!
본인이 답답해서 설명 중
bird 새
sun 태양
cloud 구름
f/ower
boy 소년
girl 소녀

◆ **명사**의 종류 : There is a man. 남자 한 명이 있다.
명사 : 사람

물건, 사람뿐만 아니라 이 나라 이름인 '캣 아일랜드'도 명사고요.
'에드워드 화이트'라는 제 이름도 명사예요.

쳇! 내 설명이 아직 안 끝났는데 끼어들어?

그럼 '루이 블랙' 백작 이름도 명사고,
제 이름 '금장미'도 명사군요!

품사의 기본이자 기초, 명사를 다시 정리해 볼까요?

Q. 명사(名 이름 명, 詞 말 사)란 무엇일까?

A. 명사란 사람, 사물, 동식물, 장소 등의 이름

① 사람 — **girl** 여자아이

② 사물 — **cap** 모자

③ 동식물 — **dog** 개

④ 감정 — **love** 사랑

⑤ 장소 — **school** 학교

눈에 보이지 않는 것, 사랑 'love'도 명사야!
우아!

◆ **명사**의 종류 : Her name is Keum Jangmi. 그녀의 이름은 금장미야.
　　　　　　　　명사 : 사람 이름

이제 알았지?
빨리 좀 걸어.
이 느림보야!

꺄아,
명사란
엄청난
거구나!

이렇게 가다간
해 질 무렵에나 성에
도착하겠다.

공주님,
서두르세요!

flower

♬아저씨
모자도 명사!
저 집도 명사!

거리에 흐르는
음악도 명사!

와글
와글

사람들도
명사 맞…?

어?
다들 어디 갔지?

와글
와글

 ◆ **명사**의 종류 : She looks at the *cap*. 그녀는 그 **모자**를 바라본다.

명사 : 사물

어떡해!
기분이 너무 들떠서
둘을 놓쳐 버렸어!
그래!
성으로 간다고
했으니까, 성을 마주 보고
앞으로 가면 …:
말도 안 통하는데
어떡해! 큰일 났어!
No!
(싫어!)
응?
뻑
뻑
무슨 소리지?

💎 명사의 종류 : Jangmi listens to music. 장미는 음악을 듣는다.
명사 : 보이지 않는 것

What did you say?
(너 뭐라고 했어?)
Help me?
Please, help me!
(제발 도와주세요!)
헬프라면…
도와 달라는 거잖아.
어쩌지?
도와줘야 할 것 같은데!
나서지 말까?
영어도 못하고
말이 안 통하니
어떻게 하지!
스으윽
그만해! 약한 친구를
왜 괴롭혀?
에라, 모르겠다!
정의의 장미가
나가신다!
What?
(뭐?)
Who are you?
(너 누구야?)

◆ 영단어 학습 : what 무엇, say 말하다
help 돕다, who 누구

왜 친구를 괴롭혀!
그건 나쁜 거야!
그만해!
Stop! (멈춰!)
스탑하라고!

A human?
(인간이잖아?)

Who are you?
(너 누구야?)
What? (뭐지?)
크..크다..

Oh, pretty blonde!
(오, 예쁜 금발이네!)
스윽

얘가 자꾸
뭐라는 거야!
Oops!
(앗!)
철썩

◆ **영단어 학습** : stop 멈추다, human 인간
pretty 예쁜, blonde 금발

으앗! 어떡해!
나도 모르게
뺨을 쳤어!

첫!

어떡하지?
도망갈까?
무, 무서워.

흠칫!

Come on!
(이리 와!)

팟!

꺄아악!
오지 마!

팟!

꺅!
싫어! 냐!

You hit me?
(네가 날 때려?)

46

◆ **영단어** 학습 : cheek 뺨, come 오다
hit 때리다, me 나를

Stop it!
(그만 둬!)
이 손 놓고
얘기하라고.
꽉
이봐,
숙녀가 싫다는데
왜 자꾸 귀찮게 해.
Bye, bad girl!
(잘 있어,
나쁜 소녀!)
괜찮아?
다친 덴 없고?
네? 전 괜찮아요.

◆ **영단어** 학습 : lady 숙녀, why 왜
bye 안녕, bad 나쁜

아까 괴롭힘을 당하던 꼬마 아이는요?
네가 나서서 말린 덕분에 진작 도망갔지.

아, 다행이다. 다친 덴 없어야 할 텐데.

도와줘서 고마워요. 강한 척하긴 했지만… 사실 무서웠어요.
그러게 남 일에 왜 껴들어?
믹스가 괴롭힘 당하는 건 하루 이틀 일도 아닌데.
믹스? 그게 뭔데요?

◆ **명사의 단수형** : She meets a boy. 그녀는 한 소년을 만난다.
She has an uncle. 그녀는 삼촌 한 명이 있다.

너, 믹스가 뭔지 몰라?
네! 몰라요!

이 나라엔 고양이 털 색에 따른 *계급이 존재해.
황족
골드 고양이
왕족
블랙 고양이
귀족
화이트 고양이
서민
(다양한 믹스 고양이)
최상위 계급인 골드, 귀족 계급인 블랙&화이트, 가장 낮은 계급인 믹스가 있지.

* 계급 : 신분, 재산, 직업 등이 비슷한 사람들로 형성된 집단.

털 색으로 계급을 나눈다니 이상한데요?
조금 우스운 이야기지.

보아하니 너도 인간 믹스 같은데….
어? 그러고 보니 한국말을 하시네요.
제가 인간 믹스라고요?
우리 엄마는 한국 사람이고, 아빠는 여기 사람이래요.
우리 아빠가 이곳의 왕이었다고 하더라고요. 믿기진 않지만….
뭐? 왕?!

◆ 명사의 복수형 : She meets three boys. 소년 세 명을 만난다.
　　　　　　　　 She has three uncles. 그녀는 삼촌 세 명이 있다.

49

앗, 말하면 안 되는 건가?
괜찮겠지? 비밀 사항 이라고는 안 했으니까.

낯선 사람이지만 말이 통해서 결국 말해 버렸다.
이러저러해서 그렇게 된 거예요.
아, 그렇구나.

키우던 고양이 들에게 이끌려 이곳으로 오다니.
흥미롭네. 네 말이 사실이라면 말이야.

나도 믿기지 않아요! 뭐가 뭔지 모르겠어요.

인간들은 영악한데 넌 꽤 순진하군.
네?

뭐가 뭔지도 모르면서 여기까지 오다니….
아니면 용감한 건가?

◆ **명사의 단수형** : She has a cat. 그녀는 고양이 한 마리를 가지고 있다.
She has a friend. 그녀는 친구 한 명이 있다.

널 데려온 고양이들이 나쁜 목적을 가지고 있으면 어쩌려고?
아니에요. 제가 키우던 고양이들인데,
세상이 얼마나 험한데 겁도 없이 말이야.
설마 나쁜 뜻으로 데려왔겠어요?
"나 나쁘다."라고 얘기하는 사람 봤어?
아, 그건 그렇지만….
좋아, 이것도 인연이니까 충고 한마디 하지. 낯선 이를 따라가거나
쉽게 믿으면 안 돼. 무슨 위험이 있을지 모르니까.

명사의 **복수형** : She has two cats. 그녀는 고양이 두 마리를 가지고 있다.
She has two friends. 그녀는 친구 두 명이 있다.

그렇게 말하는 그쪽도 낯선 사람 아니에요?
빙고! 난 너에게 날 믿으란 말 한 적 없는데?
이봐요! 완전 바보라뇨!
훗, 완전 바보는 아니라서
그나마 안심이네.
게다가 안심이라니!!
어이, 저기 저 두 사람 누굴 찾는 것 같은데 너 아니야?
어디로 가신 걸까요?
금장미! 어디 있냐고!
저를 이곳으로 데려온 고양이들이에요. 루이 블랙과 에드워드 화이트.
어?! 루이와 에드!
인사 시켜…

◆ **명사의** **단수형** : There is **a girl**. 소녀 **한 명**이 있다.
There is **a boy**. 소년 **한 명**이 있다.

어? 어디 갔지?
방금까지 있었는데?
나처럼
끌려온 우리나라
사람인가?
어, 저기
금장미다!
이 바보
인간아! 어디
갔던 거야!
하하,
나 찾았어?
누가 널
도와줘?
말이
통했어?
공주님,
무슨 일 있으셨던 건
아니죠?
저희들이
많이 걱정했어요.
흥!
죄송
일이 있긴 했는데
도와준 사람이
있어서 괜찮았어요.
flower

🔶 **명사의 복수형** : There are two girls. 소녀 두 명이 있다.
There are two boys. 소년 두 명이 있다.

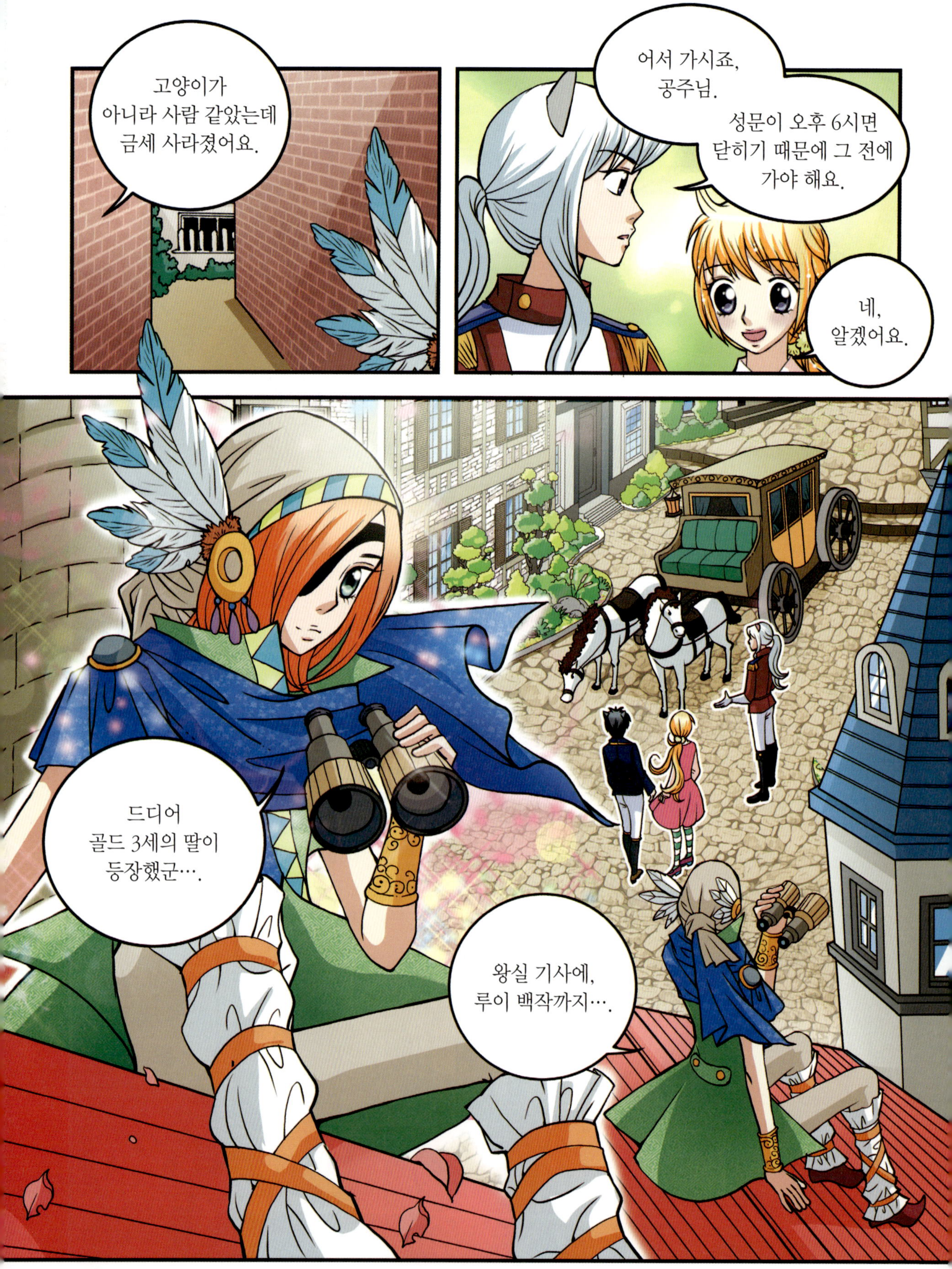

고양이가
아니라 사람 같았는데
금세 사라졌어요.

어서 가시죠,
공주님.

성문이 오후 6시면
닫히기 때문에 그 전에
가야 해요.

네,
알겠어요.

드디어
골드 3세의 딸이
등장했군….

왕실 기사에,
루이 백작까지….

◆ 명사의 단수형 : There is a house. 집이 하나 있다.
There is a building. 건물이 하나 있다.

척
훗, 이거
재미있어지겠군.
골드 3세의 딸
등장이라니!
또 보자고,
프린세스.
다그닥
다그닥

🔹 **명사의 복수형** : There are many houses. 많은 집들이 있다.
There are many buildings. 많은 건물들이 있다.

01. 명사의 종류

명사 : 사람이나 사물, 동식물 등 세상 모든 것들의 이름을 나타내는 단어

① 사람 : **student** 학생, **girl** 여자아이

② 사물 : **cap** 모자, **book** 책

③ 동식물 : **dog** 개, **cat** 고양이, **tree** 나무

④ 장소 : **house** 집, **school** 학교

⑤ 눈에 보이지 않는 것 : **love** 사랑, **music** 음악, **hate** 미움

이 세상 모든 것들의 이름! 명사!

02. 셀 수 있는 명사

셀 수 있는 명사 : 보통 일정한 형태가 있어서 한 개, 두 개 등으로 개수를 셀 수 있는 단어

student 학생

desk 책상

house 집

dog 개

chair 의자

tree 나무

한 개, 두 개, 세 개! 짠! 셀 수 있어요.
우리는 토마토 삼 형제!

o3. 셀 수 있는 명사의 단수형과 복수형

 단수형

student 학생
dog 개
horse 말
chair 의자
house 집
desk 책상
bike 자전거
notebook 공책
box 박스
dish 접시

단수는 하나!
복수는 여러 개!

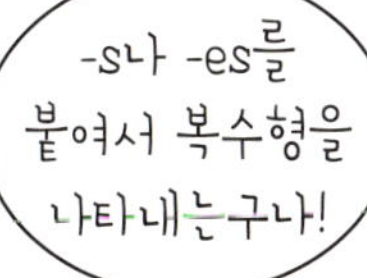

-s나 -es를
붙여서 복수형을
나타내는구나!

 복수형

students 학생들
dogs 개들
horses 말들
chairs 의자들
houses 집들
desks 책상들
bikes 자전거들
notebooks 공책들
boxes 박스들
dishes 접시들

심화 과정

✏ 일정한 형태가 없어도 셀 수 있는 명사들

✓ second 초, ✓ minute 분, ✓ hour 시간

✓ day 일, 하루, ✓ month 월, ✓ year 년

예 1 minute 1분, 2 hours 2시간,
3 days 3일, 6 months 6개월

눈에 보이지
않는데 어떻게
세요?
분, 시간 같은
단위가 있기 때문에
셀 수 있지요.

minute
month

시간(time)은
원래 셀 수 없지만, 단위를
붙이면 나눌 수 있기 때문에
셀 수 있어요.

숨겨 왔던 사랑의 비밀

오, 비가 많이 내리네요.
스윽
다그닥 다그닥

조금 전까지 맑았는데….
그래도 마차를 구해서 참 다행이에요.
성에 아슬아슬하게 도착 할 것 같은데?

명사의 **단수형** : There is a horse. 말 한 마리가 있다.
명사 앞에 a가 온다.

제시간에 도착하지 못하면 금장미, 너 때문인 줄 알아!
나?

일부러 길을 잃은 건 아니라고….
말씀은 저렇게 하셔도 백작님이 걱정 많이 하셨어요.

이 마차를 구한 것도 백작님이세요.
마차를 끄는 two horses의 값을 아시면 깜짝 놀라실 걸요.
다그닥
다그닥

horses? 말? 말은 그냥 horse 아니에요?
셀 수 있는 명사가 두 개 이상이 되면 변화가 생긴다고 했잖아.
와! 심각하다, 심각해.

◆ **명사의 복수형** : There are <u>two horses</u>. 말 두 마리가 있다.
명사 뒤에 -s가 붙는다.

Q. 셀 수 있는 명사의 복수형에는 변화가 있다고?

A. 규칙 변화 (1)
① 명사의 끝 + -s
   예 pencil 연필 ▶ pencils 연필들
② -s, -sh, -ch, -x로 끝나면 + -es
   예 box 상자 ▶ boxes 상자들
③ 자음 + o로 끝나면 + -es
   예 potato 감자 ▶ potatoes 감자들

pencils
boxes
potatoes

아!
이제 알겠어?
그럼 저기 있는 집들은 네 채니까!

house에 -s가 붙어서 four houses 맞죠?
네, 맞아요.

나무는 세 그루니까 three trees! 비는 엄청 많으니까 rains?

비를 비라고 하지, '비들'이라고 하냐?

💎 셀 수 있는 명사의 단수형 : There is a tree. 나무 한 그루가 있다.
명사 앞에 a가 온다.

그러네. 그럼 뭐라고 하지?

공주님, 비는 셀 수 없는 명사예요.
그냥 rain이라고 하면 돼요.

Q. 셀 수 없는 명사에는 무엇이 있을까?

A. 일정한 형태가 없어서 개수를 셀 수 없는 명사
예 ① air 공기 ② rain 비
③ love 사랑 ④ music 음악

하긴 공기나 비는 셀 수 없으니까.

사랑도… 셀 수 없어.

뭐?
누, 눈에 보이지 않는 생각이나 감정을 나타내는 명사도 셀 수 없다고!

💎 셀 수 있는 명사의 **복수형** : There are *five trees*. 나무 다섯 그루가 있다.
명사 뒤에 –s가 붙는다.

놀래라, 갑자기 사랑 이야기를 하니까 당황스럽잖아.
두근
아, 내가 이딴 거나 알려 주고 있다니.
아버님 명령만 아니었어도!

아버님 명령? 백작의 아버지가 무슨 명령을 하셨는데?
부끌

그건….

푸르르륵

도착 했습니다!

◆ 셀 수 없는 **명사** : I enjoy the fresh **air**. 나는 신선한 **공기**를 즐긴다.
자연을 나타내는 명사

잠깐!
내리기 전에 이것부터.
이 귀걸이는 뭐예요?
공주님을 위한 통역 귀걸이에요.
귀걸이 뒷부분에 달린 작은 스피커를 통해 사람들의 말이 한국어로 들릴 거예요.
어머, 엄청난 궁전이네요!
뚜벅 뚜벅
서둘러!

셀 수 없는 **명사** : The <u>rain</u> stopped. <u>비</u>가 그쳤다.
자연을 나타내는 명사

돌아오셨습니까?
루이 백작님,
에드워드 기사님.
꾸벅
우르르

뭔가 대단한 곳
같긴 하다!
네

안녕하십니까,
저는 대대로
전하를 모시는
궁전 집사 샤를
입니다.
앗! 꿈에서
본 사람이다!
죽
넙

안녕하세요,
금장미라
합니다.

* 영애 : 윗 사람의 딸을 높여 부르는 말.

오오!
아가씨가 바로!
골드 3세의*영애이신
로즈 공주님!
로즈?
(rose＝장미?)

로즈 공주님의
성장하신 모습을
보게 되다니….
저를
아시나요?

 ◆ -s로 끝나는 **명사의 단수형** : She is a princess. 그녀는 공주이다.

단수형

이봐, 샤를!
쓸데없는 소리 말고
빨리 준비시켜.

전하 기다리시게
하지 말고.

네,
백작님.

흠~

전하?

그럼
이따 뵙죠.
공주님.

네?
왜요?

어서 가시죠.
자, 로즈 공주님을
모셔요.

딱
딱

아니,
잠깐만요!

자, 얼른
목욕하고 예쁘게
꾸미셔야죠.

전하가
저를요?

깍!

전하께서
공주님이 오신다고
오후 내내
기다리셨어요.

네, 공주님의
삼촌이신 블랙 1세
전하요!

첨벙

-s로 끝나는 명사의 복수형 : They are princesses. 그들은 공주들이다.
명사 뒤에 -es를 붙인다.

꼬질꼬질한 모습으로 전하를 뵙는 건 실례랍니다.
잠시 후
공주님의 하얀 피부에는 분홍색이 가장 잘 어울릴 거야!
후후, 준비 완료!
이태리타올
bubble

쓱싹
쓱싹
싸아~
싸아
으앙, 아파요!
가만히 계세요!
개운해
전하께서 공주님을 얼마나 보고 싶어 하셨는데요!
나한테 삼촌이면 아빠와 형제지간?
로즈 공주님, 이리로!
척
윽, 허리가 너무 조여요!
훕! 하고 숨을 참으세요!
우당탕
우당탕

◆ **영단어** 학습 : want 원하다, skin 피부
uncle 삼촌, pink 분홍색

다 됐습니다. 이 샤를의 눈은 정확해요!
공주님의 하얀 피부에는 분홍색이 어울려요.
앗, 꿈에서 들었던 말인데?

세상에! 이게 정말 나야?

자, 준비도 끝났으니 어서 가시죠.
루이 님과 에드워드 님이 밖에서 기다리고 계세요.
또각 또각

하… 뭐가 이렇게 오래 걸려?
아름다운 레이디(lady, 숙녀)일수록 늦는 법이죠.

뭐? 아.름.다.운 레.이.디?
에드워드, 너 눈이 좀 심하게 낮구나.
끼이이익…

◆ **영단어 학습** : white 하얀, eye 눈
beautiful 아름다운, low 낮은

오래…
기다리셨죠!
으으,
어색해!
숨막혀!
곤
두
절렁기
절렁기
백작님,
안 그러십니까?
아…니요.
언제까지나
줄곧 기다릴 수
있습니다.

◆ 영단어 학습 : long 오래, wait 기다리다
always 줄곧, count 백작

아버님이 기다리셔! 쓸데없는 소리 말고 빨리 가자고!
백작님, 그쪽은 반대 방향인데요.
무슨… 어, 언제까지 기다리기는….
시간이 남아돌아?
잠시 후
에드, 지금 전하를 만나러 가는 거 맞죠?
네.
전하를 만난 다음 루이 백작의 아버님도 만나야 하나요?
하하, 백작님의 아버님이 바로 현재 왕이신 블랙 1세 전하세요.

영단어 학습 : time 시간, quickly 빨리
direction 방향, present 현재

여기 이분이 블랙 1세 전하이십니다. 루이 백작님과 많이 닮으셨죠?

그럼 루이 백작이 왕자라고? 왕자라면 더 다정해야…
와장창
실망

에드, 쓸데없는 소리 말고 빨리 데리고 오지?
스윽

다 왔으니까.
금장미, 알겠어?
으응.
미리 말해 두는데, 전하 앞에서 책잡힐 말은 하지 않는 게 좋아.
끼이익

◆ 영단어 학습 : prince 왕자, bring 데려오다
tender 다정한, tell 말하다

블랙 1세
전하를.
꾸벅
찾아뵙고자
인사 드립니다.
됐다. 굳이
친족끼리 예의를
차릴 건 없지.
캣 잉글랜드 왕
블랙 1세.
스윽
오, 네가
형님의 딸인
'로즈(Rose)'구나.
만나서 반갑다,
로즈야.

저도 반갑습니다.
그런데 제 이름은
'금장미'입니다.
'로즈(Rose)'라는
이름은 아직 낯설게
들리네요.
'금장미'?

◆ 영단어 학습 : greet 인사하다, relative 친척
manners 예의, brother 남자형제

하하, 보기와 달리 무척 당차구나!
으윽, 제발~ 쓸데없는 말 좀 그만해!
해맑
듣자 하니 영어를 어려워한다던데 형님의 골드 스톤을 어떻게 찾지?
골드 스톤이요?
골드 스톤이란 캣 잉글랜드 왕의 증표로,
대대로 내려오는 가문의 보물이란다.
그게 저희 아빠랑 무슨 관련이 있나요?
11년 전,
당시 왕이었던 골드 3세 형님은 인간 처녀와 사랑에 빠져 깊은 고민을 하게 되었지.

셀 수 없는 **명사** : He is the King of Cat England. 그는 **캣 잉글랜드**의 왕이다.
나라 이름

고양이 인간과 보통 인간 사이의 사랑은 금지되어 있단다.
결국 형님은 왕권을 포기하고 사랑을 택하셨지.
곧 네가 태어났고 형님은 가족을 데리고 인간 세상으로 떠났단다.
한 번도 들어 본 적 없는 얘기인데, 아빠가 엄마를 정말 사랑했나 봐요.
그런데….

그렇게 사랑했으면서
왜 아빠는 저랑 엄마를 두고 떠나신 걸까요?

흠, 그 이유는 나도 모른단다.

◆ 셀 수 없는 **명사** : He chose his love. 그는 그의 **사랑**을 선택했다.
감정을 나타내는 명사

아마도 너희 아버지의 행적이 이 책에 담겨 있지 않을까 싶어.

전하와 루이 백작은 골드 혈통이 아니에요?

하지만 이 〈그래머 캣〉에는 골드 혈통만이 읽을 수 있는 마법이 걸려 있죠.

골드 혈통은 첫 번째 자식에게만 이어진단다.

나는*차남이라 순수 골드 계급이 아니지.

결코 정당한 후계자라고 할 수 없단다.

GRAMMARCAT

*차남 : 둘째 아들.

영단어 학습 : magic 마법, family 가족
leave 떠나다, reason 이유

이 아이의 어머니도 블랙 혈통이라 골드와는 더욱 거리가 멀지.
…
아, 그래서 루이 왕자가 아니라
루이 백작이라고 부르는 건가?
그래도 아들인데, 둘 사이에 거리감이 느껴지네.
혈통이 그렇게 중요한가요?
그래, 이 나라는 혈통을 아주 중시한단다. 내가 왕이 됐을 때도 왕족과 귀족들의 반발이 심했지.

셀 수 있는 명사의 복수형 : He has many books.
그는 많은 책들을 가지고 있다.

실은 내가 가지고 있는 이 골드 스톤은 가짜란다.
진짜는 네 아버지가 인간 세상으로 떠나면서 가져가 버렸어.
아빠가요? 그걸 왜?
지잉
글쎄, 형님의 속마음을 내가 다 알 수는 없구나.
최근 백성들 사이에서 왕실의 골드 스톤이 가짜라는 소문이 돌고 있어.
어쨌든 지금 우리는 아주 곤란한 상황이란다.

◆ **영단어** 학습 : have 가지다, false 가짜, recently 최근에, rumor 소문

그럼
진짜 골드 스톤을 찾기
위해서 갑자기 아빠를
찾는 거고,

!

!

!

아빠를 대신해
저를 데려온 건가요?
사라진 아빠를
찾으라고요?

나의 조카 로즈야,
아빠가 보고 싶지 않니?
우릴 좀 도와다오.

그래, 현재로선
네 아빠의 책만이
유일한 단서고 그건
너만 읽을 수 있지.

골드 스톤뿐만
아니라 네 아빠의
행방도 찾아야 해!
하나뿐인 형님인데!

네,
보고 싶어요.
도울게요.

💎 **영단어 학습** : disappear 사라지다, find 찾다
only 유일한, nephew 조카

사랑스런 나의 조카님!
형님이 네가 착하게 큰 것을 보시면 얼마나 자랑스러워하실까!
와 락
정말이니? 고맙구나!
와하하하
숨.. 숨 막혀요.
낯선 사람을 조심해!
뭔가 석연치는 않지만…: 친척이기도 하고,
아빠를 찾는 일이니 돕는 게 맞을 거 같아.
하아~
멀리 와서 힘들 텐데 이쪽 이야기만 해서 미안하구나.
왕실 요리사에게 최고급 식사를 준비하라고 했으니 천천히 이야기를 나누자꾸나.
꾹

💎 셸 수 없는 명사 : The king's name is Black I. 왕의 이름은 블랙 1세이다.

사람 이름

꺄아, 안 그래도 배고팠는데 다행이다!
그럼 전 이만 물러가겠습니다.
꾸벅
즐거운 식사 시간 되십시오.
이? 에드, 같이 식사 안 해요?
오늘은 가족끼리만 식사하자꾸나.
오랜만에 가족끼리 만났는데 외부인이 낄 수는 없지 않겠니?

할 수 없군. 이따 봐, 에드워드.
네, 그럼 이따 뵙겠습니다.
….

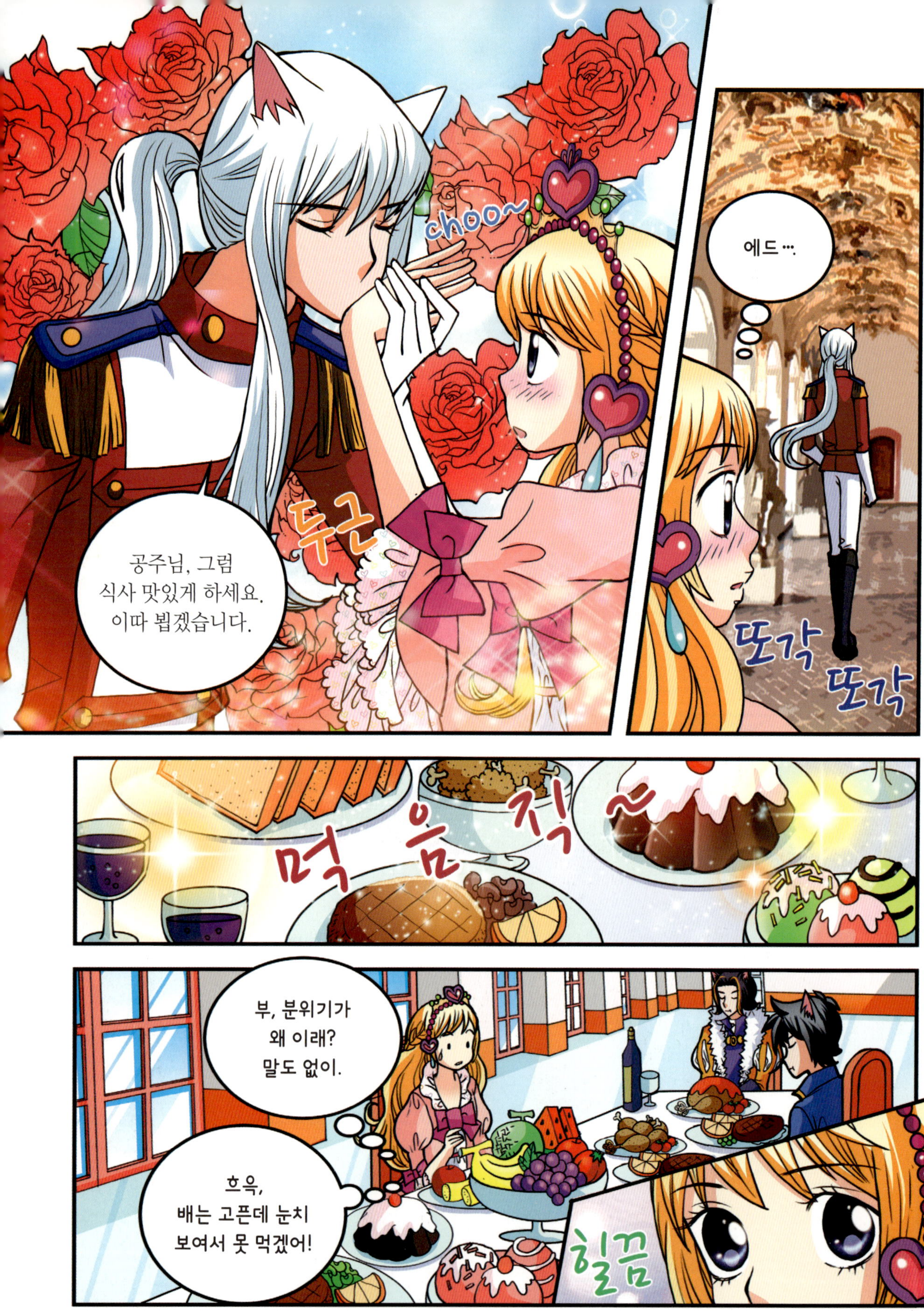

choo~
에드 …:
공주님, 그럼
식사 맛있게 하세요.
이따 뵙겠습니다.
두근
또각
또각
먹음직~

부, 분위기가
왜 이래?
말도 없이.
흐윽,
배는 고픈데 눈치
보여서 못 먹겠어!
힐끔

◆ **-sh로 끝나는 명사의 단수형** : There is <u>a dish</u>. 접시가 한 개 있다.
명사 앞에 a가 온다.

우적 우적 우적
자세히 보니 둘이 닮긴 닮았네.
달그락 달그락
꿀꺽 꿀꺽
어쩜 저렇게 조용히 식사만 하지?
우물 우물
으윽. 숨 막혀! 못 먹겠어!

참.
오는 길에 루이와 에드에게 영어를 좀 배웠다면서?

네? 네!
꺽!

....

◆ -sh로 끝나는 **명사의 복수형** : There are many dishes. **많은 접시들**이 있다.
명사 뒤에 -es가 붙는다.

3장 명사의 복수형과 셀 수 없는 명사란?

ol. 셀 수 있는 명사의 복수형 – 규칙 변화 (1)

(1) 대부분의 셀 수 있는 명사는 단수형 끝에 -s를 붙인다.

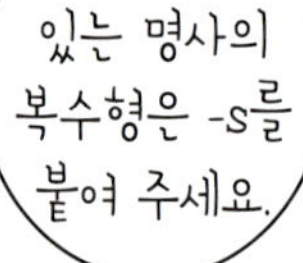

pencil 연필 	**girl** 여자아이 
▶ **pencils** 연필들	▶ **girls** 여자아이들
tree 나무 	**bear** 곰  
▶ **trees** 나무들	▶ **bears** 곰들

(2) -**s**, -**sh**, -**ch**, -**x** 로 끝나는 명사는 단수형 끝에 -**es**를 붙인다.

bus 버스 	**dish** 접시 
▶ **buses** 버스들 	▶ **dishes** 접시들 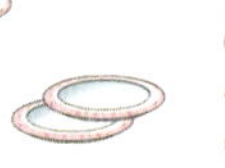
bench 의자 	**box** 상자 
▶ **benches** 의자들 	▶ **boxes** 상자들 

(3) [자음＋**o**]로 끝나면 -**es**를 붙인다.

potato 감자 	**tomato** 토마토 
▶ **potatoes** 감자들 	▶ **tomatoes** 토마토들 

> 예외　**piano** 피아노 ▶ **pianos** 피아노들
> 　　　　**photo** 사진 ▶ **photos** 사진들

 ＊**자음** : a, e, i, o, u를 뺀 나머지 21개의 알파벳.

02. 셀 수 없는 명사

(1) 물질 명사

일정한 형태가 없는 물질이나 자연 현상을 나타내는 명사
air 공기, **water** 물, **cheese** 치즈,
rain 비, **snow** 눈, **sunshine** 햇빛,
sugar 설탕, **salt** 소금

우리는 물질 명사!

(2) 추상 명사

눈에 보이지 않는 생각이나 감정, 개념 등을 나타내는 명사
love 사랑, **hope** 희망, **math** 수학, **music** 음악, **soccer** 축구,
friendship 우정, **peace** 평화, **energy** 에너지, **time** 시간

음악은 들리기만 하지요.

(3) 고유 명사

사람이나 지명, 기념일, 요일, 달의 이름 등 변하지 않는 명사
Ruy 루이, **England** 영국, **Monday** 월요일,
Children's Day 어린이날, **Sunday** 일요일, **June** 6월

마음에서 두근두근!

셀 수 없는 명사는 -s나 -es를 붙이지 않아요!

셀 수 없는 명사를 다른 말로 *불가산 명사라고 해!

*불가산 명사(不 아닐 불, 可 옳을 가, 算 셈 산, 名 이름 명, 詞 말 사)

루이, 삐친 이유가 뭐야?

그래, 무엇을 배웠니?
아, 그게….
…
음, 명사에 대해서 배웠어요.
명사의 정의, 셀 수 있는 명사, 셀 수 없는 명사요!
그리고 명사가 복수형일 때 변하는 규칙에 대해서도요.
이 정도면 대답은 잘 했겠지?

◆ **영단어** 학습 : learn 배우다, definition 정의
rule 규칙, answer 대답하다

오호, 그래?
그럼 저기 있는
딸기의 복수형도
잘 알겠구나?
딸기가 모두
10개니까….
그렇다면
ten strawberrys!
맞죠?
strawberrys?
네, 명사의
복수형 끝에는
-s가 붙잖아요.
죄송합니다,
전하!

◆ **영단어** 학습 : cake 케이크, strawberry 딸기
ten 10개, there 저기

아직
명사의 규칙 변화를
다 가르친 게
아니라서요.
왜?
뭐가 틀렸어?
하아, 생각보다
오래 걸리겠군.
탁!
천천히 먹거라.
난 일이 있어서
이만.
네?
그래,
알았다!
전하!

◆ 영단어 학습 : teach 가르치다, wrong 틀린
thought 생각, slowly 천천히

벌
떡
휙!
뭐야,
왜 그래?

탕!
아, 아버님!

다들
밥 먹다가
갑자기 왜
나가지?
덩그
러니

와구
와구
뭐, 어쨌든
난 먹을래!

아버님,
잠시만요!
한심하긴.
저래 가지고
어느 세월에
골드 스톤을
찾을 거냐?
움찔
널 믿은
내가 바보지.

◆ 영단어 학습 : eat 먹다, suddenly 갑자기
anyway 어쨌든, fool 바보

한편

꺼윽

깨 끗~

아이고, 배불러!
왜 이렇게 맛있지?

아까는
긴장해서 제대로
못 먹었는데….

정말 정말
맛있잖아!

스윽

쯧쯧,
음식이 입에 잘
맞으십니까?

백작,
배 안 고파?

설거지가
필요 없겠네.
그만 일어나지?

나 혼자
다 먹은 거 같아서
미안하네.

🔷 **영단어** 학습 : dish 접시, tension 긴장
food 음식, sorry 미안한

지
그
시…

뭐,
뭘 봐?

스
욱

칠칠맞지 못하게
입 주변에 다 묻히고!

네가 이러고도
캣 잉글랜드의
공주냐?

슥

내가
할게!

휴,
깜짝이야.

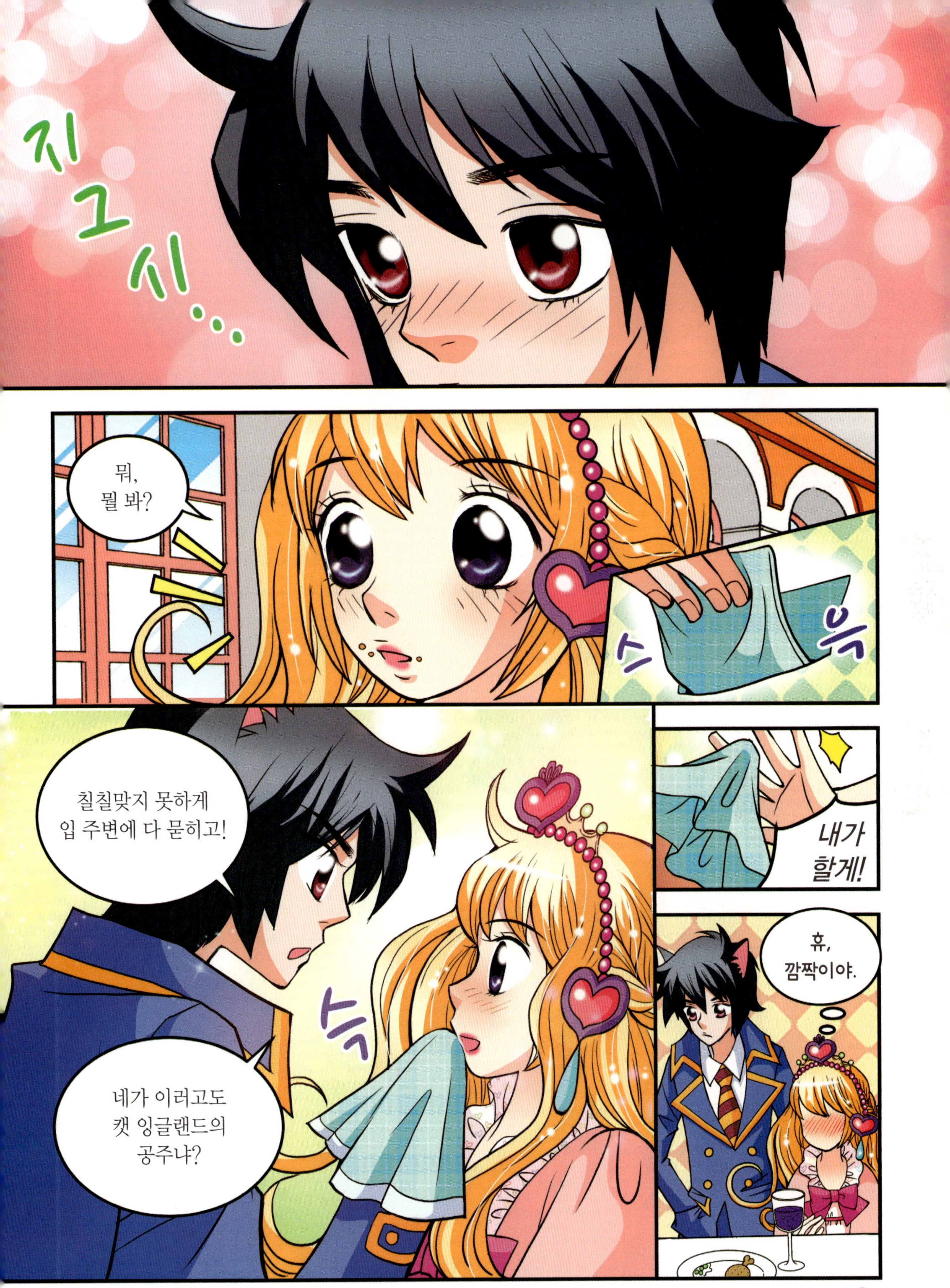

◆ **영단어 학습** : look 보다, mouth 입
around 주변, surprised 깜짝 놀란

하아~
왜 한숨을
쉬지?
백작,
어디 아파?
스윽
얼굴빛이
안 좋아 보이는데
무슨 일이 있었어?
됐어!
건들지 마!
슥

영단어 학습 : sigh 한숨을 쉬다, where 어디
sick 아픈, touch 건드리다

흑,
아프잖아….

아, 미안!

내가 지금
누구 때문에
이러는데!
누구 때문에
그러는데?

내가 전하 앞에서
책잡힐 말은 절대 하지
말라고 했지!
게다가
말할 분위기도
아니었잖아!
끼이익
무슨 말?
나는 아무 말도
안 했어!

💎 **영단어 학습** : hurt 아프다, never 절대 …않다
front 앞, talk 말하다

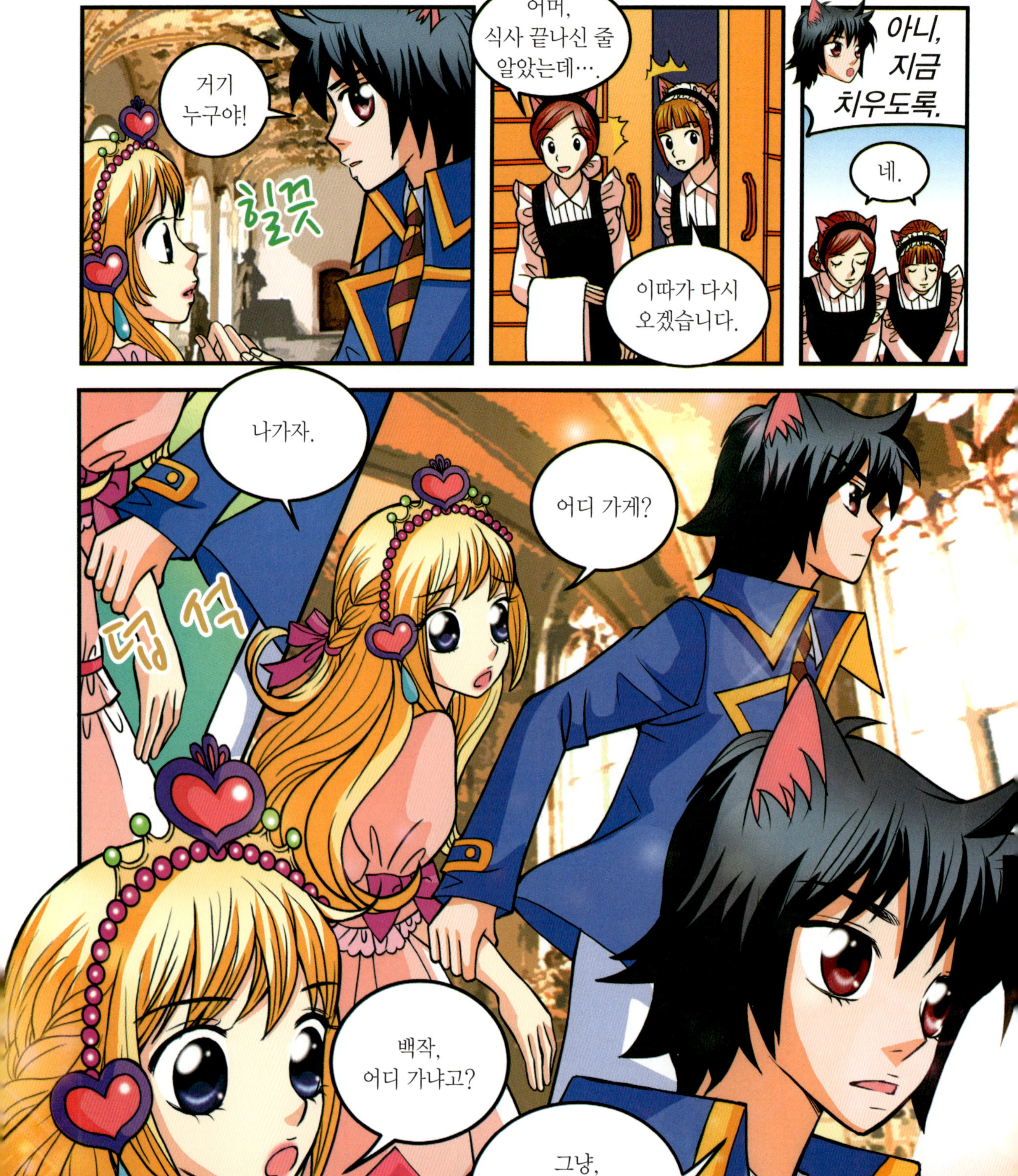

거기
누구야!
힐끗

어머,
식사 끝나신 줄
알았는데…
이따가 다시
오겠습니다.

아니,
지금
치우도록.
네.

나가자.
어디 가게?
덥석
백작,
어디 가냐고?
그냥,
잔말 말고
따라 와.

◆ **영단어** 학습 : end 끝나다, again 다시
now 지금, clean 치우다

어머, 백작님
박력이 넘치시네.

근데 저 꼬마
아가씨는 누구지?

골드 3세 전하의
외동딸이신데
백작님이
데려오셨대!

소곤 소곤

우아,
여긴 어디야?
정말 아름다워!

캣 잉글랜드
궁전의 제 3정원인
'장미 정원'이야.

◆ **영단어** 학습 : however 그런데, palace 궁전
garden 정원, third 제3의

슉~
이 꽃, 정말 예쁘다!
조심해!
아얏!
잘못하면 장미 가시에 찔린다고!

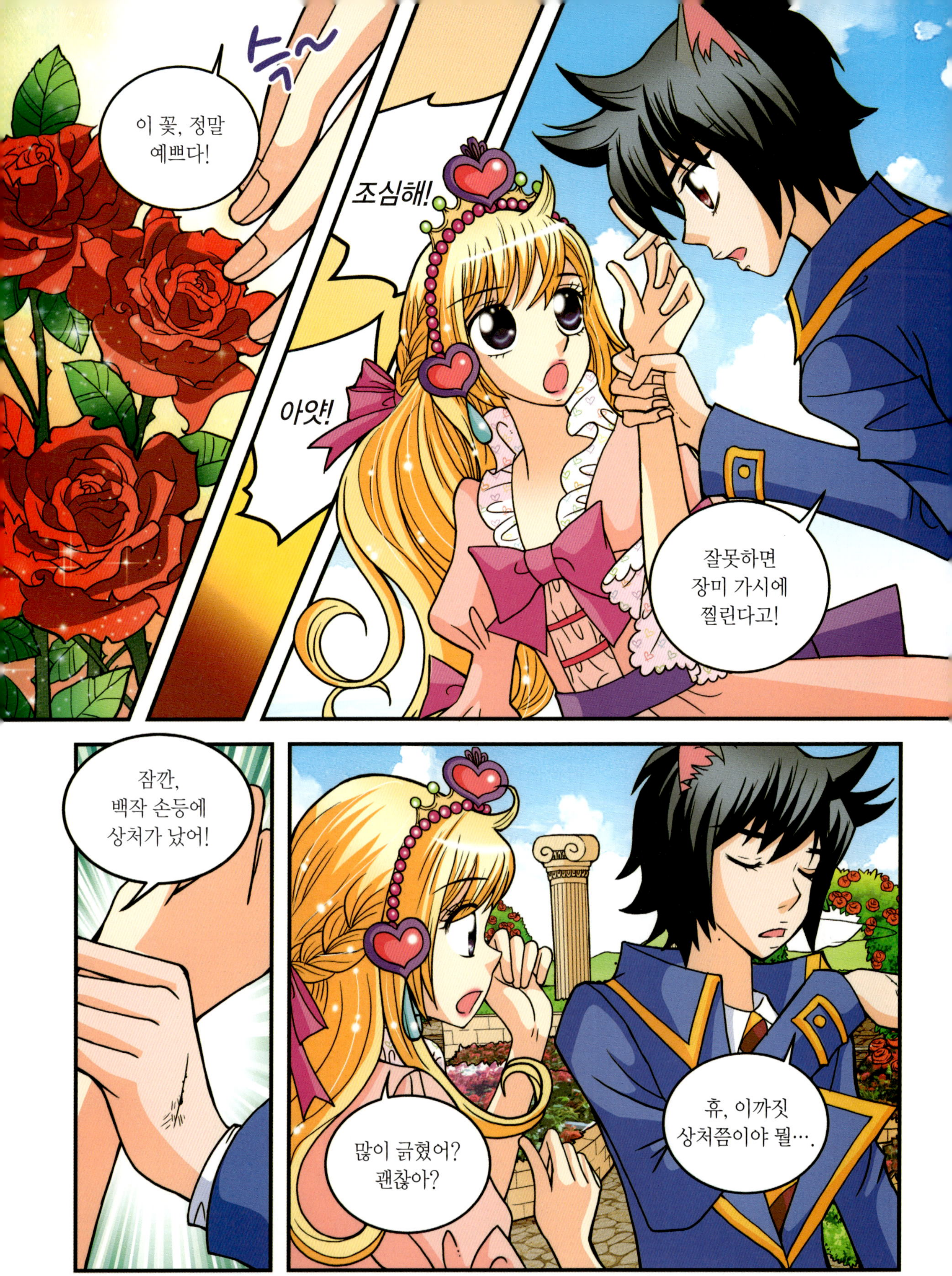

잠깐, 백작 손등에 상처가 났어!

많이 긁혔어? 괜찮아?
휴, 이까짓 상처쯤이야 뭘….

영단어 학습 : flower 꽃, careful 조심하는
thorn 가시, wound 상처

할짝

뭐지?
그*음흉한
시선은?
아니….

* 음흉하다 : 겉으로는 부드러워 보이나 속으로는 엉큼하다.

두리번
두리번
꺅, 순간
나도 모르게
시선이!
뭐지?
장미 향기에
취했나?

까칠한 백작이
갑자기 귀여워
보이다니!
귀...귀여워..

금장미! 이거
영어로 말해 봐.

어?

◆ **영단어** 학습 : gaze 시선, cute 귀여운
rose 장미꽃, leaf 나뭇잎

이건 그냥
나뭇잎이잖아.

그래!
나뭇잎 네 장을
영어로 말해 봐.
음…
four leafs?

틀렸어!
정답은 four
leaves!
단어의 끝이
-f나, -fe로
끝나는 명사는
-ves로
바뀐다고.

Q. 셀 수 있는 명사의 복수형에는 변화가 있다고?

A. 규칙 변화 (2)

① 단어의 끝이 '자음+y'

　→ y를 **-ies**로 바꿈

　예 **strawberry** 딸기

　　▶ **strawberries** 딸기들

② 단어의 끝이 **-f, -fe**

　→ f를 **-ves**로 바꿈

　예 **leaf** 나뭇잎

　　▶ **leaves** 나뭇잎들

아,
규칙 변화가 더
있구나….
아까
딸기 10개를
뭐라고 했어?
Ten
strawberrys.

◆ **-f나 -fe로 끝나는** 명사의 복수형 : There are four leaves. 나뭇잎이 네 개가 있다.

(leaf → leaves)

틀렸잖아!
strawberry는 '자음+y'로 끝나니까 -y를 -ies로 바꿨어야지!

아, 그럼.
Ten strawberries.

그래! 그런데
아주 당당하게 폐하 앞에서 strawberrys?

어쩔 수 없는걸. 아직 안 배운 거였잖아.

그럼 똑바로 말했어야지. "명사의 복수형의 모든 규칙 변화에 대해서 아직 다 배우지 못 했습니다."라고.
네가 배워도 모르는 바보라고 생각하시면 어떡할래?

◆ **자음+y로 끝나는 명사의 복수형** : There are many ladies. 많은 아가씨들이 있다.
(lady → ladies)

그렇게까지 생각 안 하실 것 같은데….

작은 아버지는 무척 상냥하셨어. 또 가족이잖아.

전하라고 불러.

누구 맘대로 작은 아버지래?

그야, 아빠의 동생이니까.

백작이야말로 자기 아버지에게 전하라 부르는 이유가 뭐야?

왕실에선 *격식을 갖춰야 하니까!

* 격식 : 품위에 맞는 일정한 방식.

전하는 전하이기도 하고!

난 아들이기도 하지만 신하이기도 하고….

무슨 말이야? 좀 이상한데?

뭐, 뭐가! 네가 더 이상해!

◆ 단수와 복수의 **형태가 같은** 명사 : I have a fish. 나는 물고기 한 마리를 가지고 있다.
I have three fish. 나는 물고기 세 마리를 가지고 있다.

Q. 셀 수 있는 명사의 복수형의
불규칙 변화는?

A. ① 단수와 복수의 형태가 같은 명사
예 fish 물고기 – fish 물고기들
예 sheep 양 – sheep 양들
② 불규칙하게 변하는 명사
예 child 어린이 – children 어린이들
예 goose 거위 – geese 거위들
goose
geese

그만하고 명사의
변화에 대해서나 더 외워.
불규칙한 변화도 있어!

엥?
불규칙 변화?

뭐가
이렇게 많아?

저걸 일일이
외우라고?

당연하지.
많다면 많고,
적다면 적은 거야.

휴~

예외적인
몇 가지 외우는 게
그렇게 어려워?
너 진짜
안 되겠구나!

◆ 단수와 복수의 **형태가 같은** 명사 : I have a sheep. 나는 양 한 마리를 가지고 있다.
I have many sheep. 나는 많은 양들을 가지고 있다.

어려운 걸
어떡하라고?

몇 가지만
외우면
편해진다고!

어휴, 됐다!
이런*의지도 없는
바보를 데리고
뭘 하겠다고.

하아~

포기하자,
포기해!

백작!
어디 가!

휙

* **의지** : 어떠한 일을 이루고자 하는 마음.

나 혼자
여기서 어쩌라고?

왜? 내가 뭘
어쨌다고?

바스락

공주님!

◆ **불규칙**하게 변하는 명사 : There are two men. 남자 두 명이 있다.

(man → men)

여기 계셨군요.
한참 찾았습니다.

에드!

잠깐이었지만
에드가 없으니까
어쩐지 힘들었어요.

공주님을
집으로 모셔다
드리러 왔어요.

맞다! 엄마가
걱정하셨을 텐데!

그 부분은
걱정 마세요.
시간 마법을 걸어
놓아서 시간이
멈췄을 거예요.

지잉~
자…,
갑니다!

사랑~

◆ **불규칙**하게 변하는 명사 : There are two women. 여자 두 명이 있다.

(woman → women)

장미의 집
딩동♬
누구세요!
안녕하세요, 어머님.
옆집으로 이사 온 유학생 에드워드 화이트라고 합니다.
세상에, 웬 꽃다발을.
앞으로 잘 부탁드려요.
두근..
스윽~
어머….
제가 길을 몰라서 헤매고 있는 걸 장미 양이 도와줬어요.
그래요? 우리 장미가 그런 착한 일을 했군요!

🐾 ◆ 항상 복수형을 쓰는 명사 : He wears nice clothes. 그는 멋진 옷을 입는다.
(cloth 옷감 / clothes 옷)

이렇게 된 것도 인연인데 혹시 장미 양과 정식으로 교제해도 될까요?
멈칫
네?

교, 교제?

하하, 그러니까 저는 장미 양에게 한국말을 배우고, 저는 장미 양에게

영어를 가르쳐 주면 어떨까 해서요.

놀래라
아.
휴~

그럼요! 안 될 건 없죠, 이웃인데.

자자, 들어오세요. 자세한 이야기는 안에서 하죠.

잠시 후
대단해요, 에드!

◆ **영단어 학습** : neighbor 이웃, story 이야기
inside 안쪽, great 대단한

엄마가 낯선 사람과 친하게 지내는 걸 허락하다니! 어떻게 된 걸까요?
하하, 글쎄요. 그건 어머님이 아시겠죠?
우선 숙제부터 할까요? 숙제 있으시죠?
윽!
힝, 숙제! 여기 있어요.
이거군요. 영어 작문!
'I drink milk every day.'
이렇게 쓰면 돼요?
'나는 매일 우유 한 잔을 마신다.' 라고 쓰고 싶어요.
I drink milk ry day
으음, 아니요.

◆ **일정한 형태가 없는** 물질 명사 : bread 빵, rice 밥, meat 고기

milk(우유)는
셀 수 없는 명사니까
변하지 않아도 되죠.
그런데 우유를
'한 잔'이라고 양을
표현한다면!
네!

'I drink a glass of
milk every day.'
(나는 매일 우유 한 잔을
마신다.)라고 써야 해요.

Q. 셀 수 없는 명사의 양의 표현
은 어떻게 할까요?

A.

a glass of ~	한 잔의	milk
a bowl of ~	한 그릇의	rice
a loaf of ~	한 덩어리의	meat
a piece of ~	한 조각의	cake

a glass of는
'한 잔의'라는
뜻이거든요.
a glass of

흑, 영어는
외울 게 너무 많은
것 같아요.

공주님,
어쩔 수 없어요.
흑흑

◆ 셀 수 없는 명사의 양 표현 : I drink a glass of water. 나는 물 한 잔을 마신다.
I drink two glasses of water. 나는 물 두 잔을 마신다.

영어는 다른 나라의 언어니까 외울 게 많을 수밖에요.
하긴…. 난 한국 사람으로 살았으니까요.

몇 가지 외우는 게 어려워?
버럭! 버럭!

비슷한 말인데, 에드가 말하는 건 정말 부드럽게 들린단 말이지.
공주님? 무슨 생각 하세요?

알겠어요. 할 수 있는 한 열심히 외워 볼게요!
나를 위해서 애써 주는 에드를 위해서라도!

척
큭, 말은 잘하네.

◆ **영단어** 학습 : language 언어, memorize 외우다
Korean 한국인, similar 비슷한

백작님, 언제부터 거기 있으셨던 거예요?
까망… 아니, 백작! 언제 왔어!

"열심히 외워 볼게요~."부터,
"에드를 위해서라도♡" 까지 다 들었지.

신경 쓰지 말고 하던 공부 계속해.
하암~

에드를 위해서라면 더더욱 열심히 해야 하지 않겠어?
췟

아, 물론 백작을 위해서도 열심히 할 거야.
뭐야? 설마 삐친 거야?

🐾 **영단어** 학습 : study 공부하다, hard 열심히
hear 듣다, for ~를 위해

01. 셀 수 있는 명사의 복수형 – 규칙 변화 (2)

(1) '자음＋**y**'로 끝나는 명사는 -y를 -ies로 바꾼다.

strawberry 딸기 ▶ **strawberries** 딸기들	**city** 도시 ▶ **cities** 도시들
country 나라 ▶ **countries** 나라들	**lady** 숙녀 ▶ **ladies** 숙녀들

(2) '모음＋**y**'로 끝나는 명사는 끝에 -s만 붙인다.

boy 남자아이 ▶ **boys** 남자아이들	**monkey** 원숭이 ▶ **monkeys** 원숭이들

(3) f나 **fe**로 끝나는 명사는 f를 -ves로 바꾼다.

leaf 나뭇잎 ▶ **leaves** 나뭇잎들	**wolf** 늑대 ▶ **wolves** 늑대들
knife 칼 ▶ **knives** 칼들	**wife** 아내 ▶ **wives** 아내

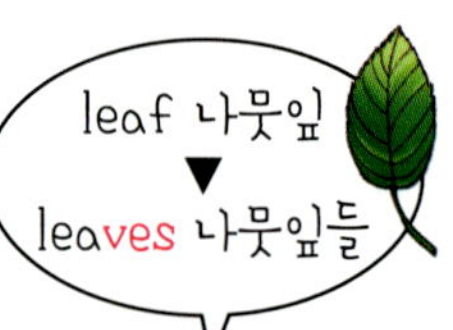

02. 셀 수 있는 명사의 복수형 불규칙 변화

(1) 단수와 복수의 형태가 같은 명사

   예 **fish** 물고기 ▶ **fish** 물고기들

     sheep 양 ▶ **sheep** 양들

(2) 불규칙하게 변하는 명사

   예 **man** 남자

     ▶ **men** 남자들

    goose 거위

     ▶ **geese** 거위들

    woman 여자

     ▶ **women** 여자들

    child 어린이

     ▶ **children** 어린이들

(3) 항상 복수형으로 쓰는 명사

   ▶ 짝의 형태로 이루어진 명사는 항상
복수형으로 쓰여요!

     예 **clothes** 옷, **pants** 바지,
glasses 안경, **gloves** 장갑,
shoes 신발, **socks** 양말

심화 과정

✏️ 셀 수 없는 명사의 양의 표현은 어떻게 할까요?

a glass of ~	a bowl of ~	a loaf of ~	a piece of ~
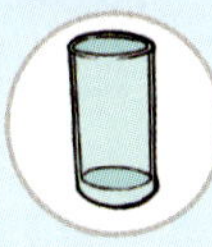	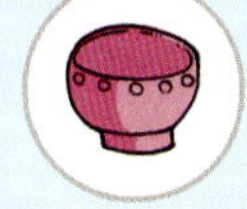	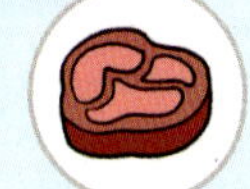	
한 잔의	한 그릇의	한 덩어리의	한 조각의

만약 내가 여왕이 된다면?

자, 다들 숙제를 꺼내 볼까요?

두근
두근
장미의 첫 숙제구나!
하하, 그러네요.
오오!

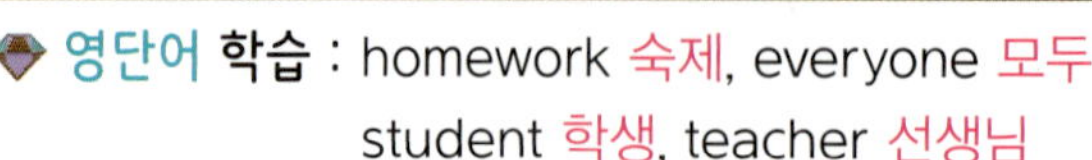

◈ **영단어** 학습 : homework 숙제, everyone 모두
student 학생, teacher 선생님

완벽해라!
어디 한 군데도
틀린 데가 없어!

까, 드디어
나도 칭찬을
받나 봐!

장미의 상상

이런, 문장에
관사가 몽땅
빠졌구나!

흠칫

네?
관사요?

아, 아직
관사에 대해서
다 배우지
않아서요.

잘 모를 때는
이렇게 대답하라고
루이가 말했지.

관사란
명사의 짝꿍 같은
거야. 명사 앞에는
때에 따라 관사가
붙는단다.

💎 **영단어 학습** : perfect 완벽한, praise 칭찬하다
imagination 상상, yet 아직

Q. 관사란 무엇일까?
A. 명사 앞에 놓여 보통 혹은 특별한 것을 나타내는 품사
a/an
부정관사
정해 지지 않은 '어떤 하나'를 가리킴
the
정관사
정해진 '어떤 것'을 가리킴
아! 이게 관사구나.

a나 an은 필요 없는 것 같아 뺐거든요.
지웠음
I drink a glass of milk.

필요 없다니? 관사는 꼭 필요하단다.

여러분, 관사에 대해서 다들 기억하죠?
너~

장미는 전학 와서 관사에 대해서 잘 모르는 모양이니,
잠깐 복습을 하도록 해요!
힝, 나만 모르나 봐.

부정관사에는 a, an이 있어요. 어떤 경우에 a와 an을 쓸까요?

◆ '하나의'라는 의미의 **부정관사** : a glass of milk 우유 **한** 잔
two glasses of milk 우유 두 잔

모음으로 시작
하는 명사 앞에는
an을 씁니다!

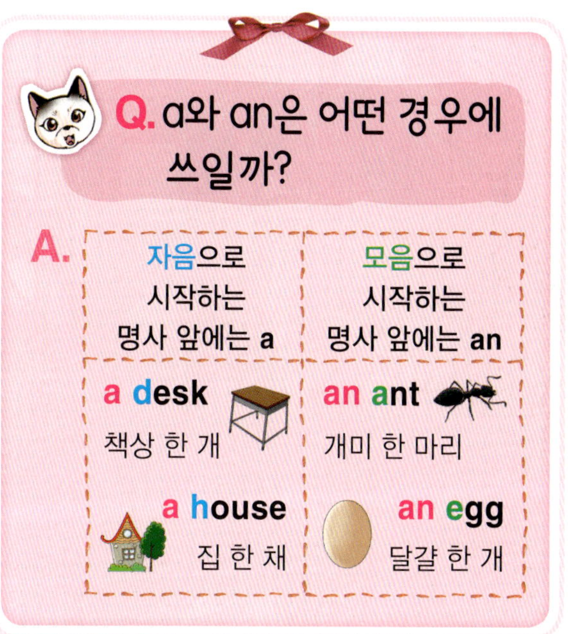

Q. a와 an은 어떤 경우에
쓰일까?

A.
자음으로
시작하는
명사 앞에는 a

모음으로
시작하는
명사 앞에는 an

a desk
책상 한 개

an ant
개미 한 마리

a house
집 한 채

an egg
달걀 한 개

맞아요,
자음으로 시작
하는 명사 앞에는
a를 쓰죠!

네~
와, 모두 실력이
대단하다.
선생님 질문에
바로 대답하다니!

오늘 수업은 여기까지!
다들 내일 만나요!
불끈
딩동댕~
축구하러
가자!
좋아!
집에 가서 열심히
복습하겠어!
♬ 집에
가야지!
재, 바보
아니야?
심각한데?
짜증나

a와 an의 구분 : This is a desk. 이것은 책상이다.(자음으로 시작하는 명사 앞)
This is an egg. 이것은 달걀이다.(모음으로 시작하는 명사 앞)

앗!
퍽
와르르르
풉!
아….
어머, 미안해라. 괜찮니?
툭

응, 괜찮아. 내가 주우면 돼.
주섬 주섬
실수인데 뭐.

진짜 바보 아냐?

◆ 영단어 학습 : right 괜찮은, pick 줍다
mistake 실수, bag 가방

관심 받고
싶어서 저러는
거 아냐?
관사도
몰라서 수업
진도도 못 나가
게 하고.

뭐지?
방금 나한테
한 말이야?

괜찮니?

내가 도와줄게.
앙~
찢어
졌어.
아,
괜찮습니다!

제가
할게요.
같이 하는 게
빠르잖아.
nglish
자!
척
감사
합니다.

◈ 영단어 학습 : lesson 수업, interest 관심
together 같이, fast 빠른

이 사람
어디선가 본 적이
있는데…

어디서 봤지?

저, 혹시
우리가 어디서
만난 적이
있나요?

글쎄?
그랬던가?

어?

◆ **영단어** 학습 : perhaps 혹시, we 우리
meet 만나다, well 글쎄

내가 워낙 흔한 모범생 외모라.
다른 사람이랑 착각한 거 아닐까?
투
투

하여간 책은 다 주운 거지?
네.

그런데 한 권이 없는 것 같은데?
The book. (그 책.)

그 책이 지금은 없나 보구나.
이만 가 볼게. 다음에 또 만나자.
꾸벅
네, 고마웠어요.

분명 낯익은 얼굴인데?
훗, 귀엽긴.

◆ 어떤 것을 지칭할 때 쓰는 the : She doesn't have the book.
그녀는 그 책을 가지고 있지 않다.

the book?
그 책?
무슨 책이지?
하여간 영어는
어려워.
the book이니
a book이니.
뭐가 그렇게
어려우세요?
하아
에드! 루이!
무슨 일로 여기까지
나온 거야?
공주님, 서둘러
캣 잉글랜드로 가
주셔야겠습니다.
왜긴?
널 데리러 왔지.
어제
다녀왔는데
또요?
fish

◆ a book과 the book의 차이점 : a book은 정해지지 않은 '책 한 권'을 말함.
the book은 여러 책들 중에서 특정한 '그 책'을 말함.

너 때문에 캣 잉글랜드에서 아주 난리가 났다고~.
주섬 주섬
봐 봐!
News of CAT ENGL
The Return of the Princess Rose!
Why did she come back?
(로즈 공주의 귀환!
그녀는 왜 돌아왔는가?)
grammar cat
깩, 이게 뭐야?

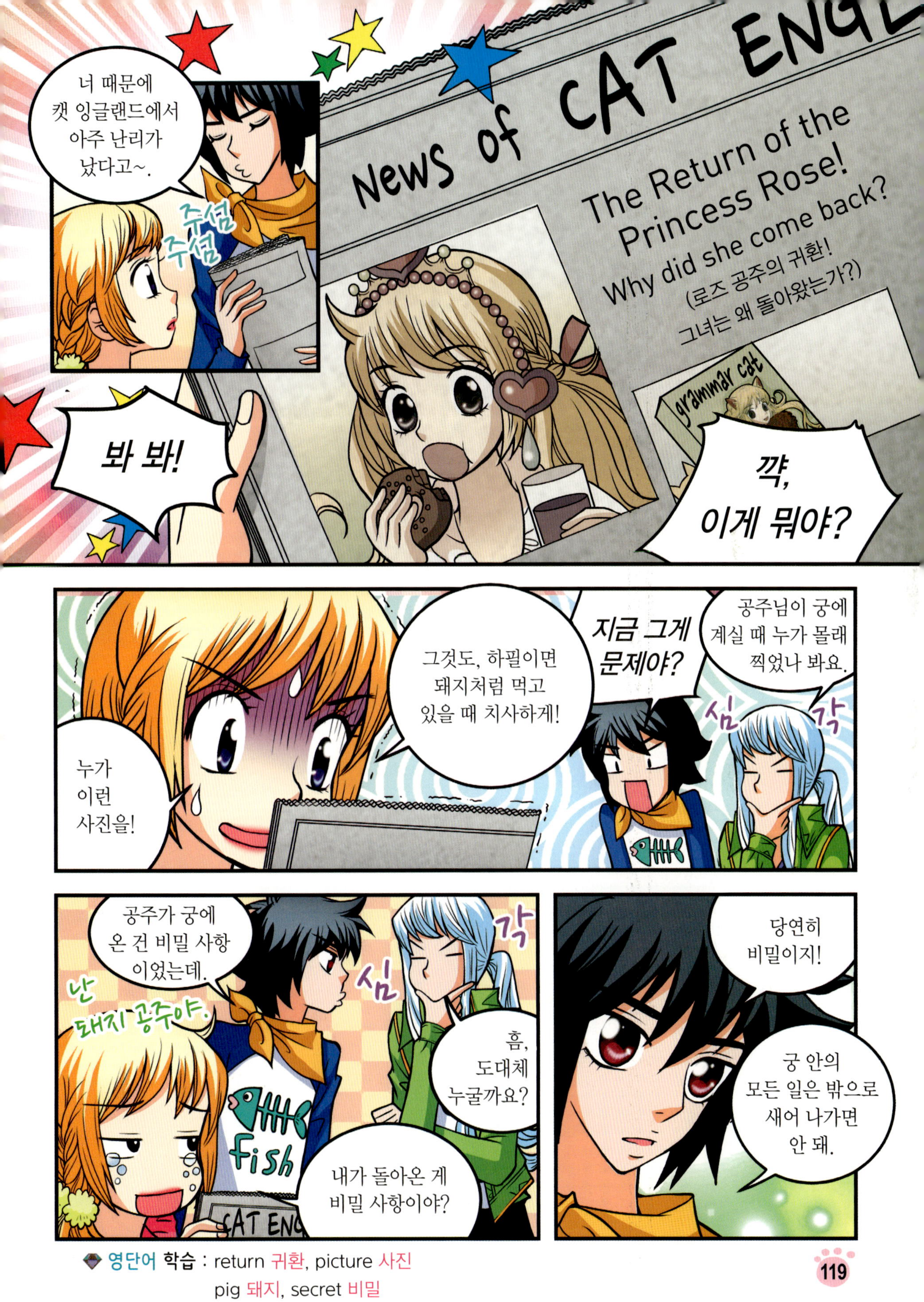

누가 이런 사진을!
그것도, 하필이면 돼지처럼 먹고 있을 때 치사하게!
지금 그게 문제야?
공주님이 궁에 계실 때 누가 몰래 찍었나 봐요.
심
각

공주가 궁에 온 건 비밀 사항 이었는데.
난 돼지 공주야.
심
각
흠, 도대체 누굴까요?
내가 돌아온 게 비밀 사항이야?
fish
CAT ENG

당연히 비밀이지!
궁 안의 모든 일은 밖으로 새어 나가면 안 돼.

◆ **영단어** 학습 : return 귀환, picture 사진
pig 돼지, secret 비밀

이렇게
소문이
난다는 건,
궁 안에
스파이가 있다는
뜻이죠.
스파이?
(Spy?)
캣 잉글랜드
금세
또 오게
되다니!

🔷 서로 알고 있는 대상 앞에 쓰는 the : They go to the castle.
그들은 그 성으로 간다.

이곳은
왕실 기사단의
창고예요.

신문 보도가
나간 뒤 기자들이
몰려와서
일단
저만의 *아지트로
모셨습니다.
두리번
두리번
우아,
에드의 아지트?

* **아지트** : 어떤 사람들이 자주 어울려 모이는 장소.

그런데 제가
캣 잉글랜드에
온 게 신문에
날 정도로
큰일인가요?
그럼요!
공주님은
특별하시거든요.

차원을 이동
하면서 붙었음.
네?
제가
특별…하다고요?

네.
국민들에게는
물론이고,
저에게도
공주님은….

◆ **영단어 학습** : newspaper 신문, reporter 기자
special 특별한, people 국민

끼익
결정 났어.

아주 특별한 존재이지요.
아하하.
꽃잎 떼려는 중
두근
왜 점점 가까이 오는 거지?

더 이상 숨긴다고 해서 해결될 일이 아니니
전하께서 금장미를 백성들 앞에 데뷔시키시겠대.
백작!

어, 근데 이 분위기는 뭐지?
단둘이서 뭐했던 거지?

데뷔가 뭐예요?

데뷔는 백성들에게 공식적으로 인사하는 거예요.

◆ 집에 있는 물건을 말할 때 쓰는 the : Ruy opens the door.
루이가 문을 연다.

왕족은 탄생한 날과 성인식 때 백성들 앞에 모습을 보인답니다.
와~
신문에 난 이상 더 숨겨 봤자 안 좋은 소문만 나돌 테고.
그럴 바엔 차라리 공개하자는 말씀이시지.
하지만 이대로 데뷔했다가는 더 괴상한 소문만 퍼질 거야.
왜?
하지만 공주님이 태어나셨을 땐 사정이 있어 모두 쉬쉬했었죠.
도대체 어디가 공주다운지.
지금 그걸 몰라서 물어?
한번 네 모습을 봐!
뭐? 그렇게까지 말할 건 없잖아!
그땐 너무 배고파서.
신문 속 네 모습을 보고도 그런 말이 나와?
윽!

영단어 학습 : birth 탄생, hide 숨기다
strange 이상한, ask 묻다

식사 예절,
연설문 발표,
사교 댄스까지
배울 게 많다고!
또 영어는
언제 배우냐?!
힝
걱정 마세요.
공주님.

공주님은
타고난 왕족
이시니 조금만
노력하시면
금방 배우실
거예요.
추욱
과연
그럴까요?

시간 없어!
바로 시작
해야 해!

다시! 바깥쪽
포크부터
사용하라고!
식사 예절
앗!

연설문 발표
Nice ...
to ...
meet
you!
다시!
더듬지
말고!

댄스 수업
꽉!
앗!
미안!

◆ the를 쓰지 않는 경우 : Jangmi learns English(언어).
장미는 영어를 배운다.

너 진짜 몸치구나!
미, 미안! 처음이라!
발은 괜찮아?
안 괜찮아! 더는 못하겠어!
아야야~!
에드, 교대해!
쾅
미안해, 루이!
공주님, 저랑 한 곡 추시죠.
쾅

💎 the를 쓰지 않는 경우 : Edward dances with Jangmi(사람 이름).
에드워드는 장미와 춤을 춘다.

꽉
꽉 꽉
꽉
꽉

크윽~!
내 발!
앗, 에드
괜찮아요?
미안해요!
이러다
에드 발이 남아나지
않겠어요.
하하.
괘, 괜찮습니다.
다시 연습하시죠.
역시 안 되겠어요.
이 상태로 데뷔는
무리예요.
애당초 아빠의
〈그래머 캣〉만 읽는 것이
약속이었잖아요.

털썩
그냥
그것만
할래요.
어쩌다
일이 이렇게
커진 건지.
공주님, 지금
이 상황은 아주
자연스러운
거예요.

◈ **영단어** 학습 : foot 발, practice 연습하다
promise 약속하다, situation 상황

캣 잉글랜드에서 골드라는 혈통은 아주 특별하답니다.

축제에서도 보셨겠지만 골드는 거의 *신격화되어 있죠.

이곳에서 유일한 골드 계급인 공주님에 대한 관심은 당연한 일이랍니다.

* 신격화 : 어떤 대상에게 신의 자격을 줌.

하지만 전 골드 계급일 뿐이지 특별히 뛰어날 게 없어요.

바로 그 골드 계급이라는 게 중요한 거죠.

이 나라에서 가장 고귀한 신분이니까요.

두 근

◆ 영단어 학습 : festival 축제, very 매우, 아주
important 중요한, noble 고귀한

글쎄요, 저는 그 신분 제도라는 게 이해가 안 가요.
저번에 길을 잃었을 때 신분 때문에 괴롭힘을 당하는 아이를 봤거든요.
단지 신분이 낮아서 괴롭힘을 당하는 건 옳지 않다고 생각해요.
옳지 않다고 생각하시면 바꾸세요.
네?
그게 무슨 말이에요? 말도 안 돼요.
왜 말이 안 되나요?
공주님이 여왕이 되셔서 이 나라의 신분 제도를 바꾸시는 거예요.
공주님은 현재 유일한 골드 혈통이시니까.

하나밖에 없는 것 앞에 쓰는 the : She can change the world.
그녀는 세상을 바꿀 수 있다.

왕위*계승권에 가장 가까운 분이에요. 그 말은 여왕이 되실 수도 있단 뜻이죠.
제가 여왕이요?
하지만 전 영어도 못하고…. 하여간 무리예요.

* 계승권 : 임무나 업적을 물려받아 이어나갈 수 있는 권리.

피곤하신 것 같은데 잠깐 쉬실래요?
끼익
제가 간식 좀 챙겨 올게요.

탁
내가 여왕이라니….

◆ 영단어 학습 : close 가까운, queen 여왕
tired 피곤한, snack 간식

그런 의미로 특별하다고 한 건가?
연습 안 하고 뭐 해!
끼익
백작! 다시 온 거야?
에드가 잠깐 쉬라고 해서.
쉴 틈이 어디 있어! 어서 연습하자!
자, 손을 잡고.
스윽
못 하겠다고 뛰쳐나갈 때는 언제고!

영단어 학습 : meaning 의미, rest 쉬다
hand 손, quick 빨리, 어서

꽉
긴장 풀고 나한테 편안히 기대 봐.
내가 잘 이끌어 줄 테니까.
뭐지?
샥
샥
좀 전에 비해서 굉장히 편안해졌어. 전혀 다른 사람과 춤추는 것 같은 이 기분!
로즈 골드, 그런데 그 책은 어디에 뒀어?
The book.
(그 책.)

영단어 학습 : tension 긴장, lean 기대다,
dance 춤추다, feeling 기분

131

그 책?
무슨 책?
골드 3세 전하의 책 말이야.
어디에 있어?

응? 그건 백작이 가지고 있잖아.
나한테 있다고?

끼익
뭐야, 누구야?!
응?

◆ 앞에 나온 명사를 다시 가리키는 때 쓰는 the : He looks for the book.
그는 그 책을 찾는다.

뭐 하는 녀석이야?
누군데 내 모습을 하고 있어?
앗?! 루이 백작이 두 명이라니!
후↗

♥ 어느 쪽이 진짜 루이일까요? 헬로우 그래머캣 2권을 기대해 주세요!

5장 관사란 무엇일까?

01. 부정관사(不 아닐 부, 定 정할 정, 冠 갓 관, 詞 말 사)

(1) 부정관사 **a/an**의 의미

① 정해지지 않은 하나 : 직업, 신분, 종류

예 **I am a teacher**. 나는 선생님이다.

My father is a writer. 나의 아버지는 작가다.

② '하나의'라는 뜻

예 **I have a pencil**. 나는 연필 한 자루를 가지고 있다.

③ ~마다, 매~ : **day**(하루)나 **once**(한 번)처럼 단위와 함께 쓴다.

예 **I go to the library once a day**. 나는 하루에 한 번 도서관에 간다.

(2) 부정관사 **a/an**의 쓰임

①*자음으로 시작하는 명사 앞에는 **a**를 쓴다.

②*모음으로 시작하는 명사 앞에는 **an**을 쓴다.

① **a** + 자음으로 시작하는 명사	② **an** + 모음으로 시작하는 명사
예 **a d**esk 책상 한 개 	예 **an a**nt 개미 한 마리 
예 **a h**ouse 집 한 채	예 **an i**gloo 이글루 한 채 
예외 **a university** 대학교	예외 **an hour** 한 시간 

첫 글자가 모음이어도 첫소리가 자음인 경우

첫 글자가 자음이어도 첫소리가 모음인 경우

*자음 : a, e, i, o, u를 제외한 나머지 알파벳.

*모음 : 알파벳 a, e, i, o, u

02. **정관사(**定 **정할 정,** 冠 **갓 관,** 詞 **말 사)**

(1) **정관사 the의 의미와 쓰임**

① '(특정한) 바로 그~'라는 뜻의 **the**를 가리키는 말

예 **I know the girl.**

난 그 소녀를 알아.

② 세상에 하나만 존재하는 것을 말할 때도 명사 앞에 **the**를 쓴다.

예 **Look at the sun.**

저 해를 봐.

(2) **정관사 the를 꼭 쓰는 경우와 쓰지 않는 경우**

① the를 꼭 쓰는 경우	② the를 항상 쓰지 않는 경우

'악기를 연주하다' 라는 뜻으로 쓰일 때는 꼭 쓴다.	'운동하다' 라는 뜻으로 쓰일 때는 쓰지 않는다.

1장 문장과 품사

Q1. 루이가 영어 카드를 마구 섞었어요. 이 중에서 단어 카드와 문장 카드를 구분해 보세요.

정답

단어 카드	문장 카드

Q2. 고양이 친구들이 말하는 영어와 우리말의 차이가 무엇인지 참고하여 〈보기〉의 잘못된 문장을 바르게 고쳐 보세요.

보기

정답

Q3.
친구들의 말을 읽고 각 문장에 따른 문장의 기본 요소를 찾아 동그라미 해 보세요.

◆ 주어를 찾아라!

❶ (I) am a girl.
나는 소녀이다.

❷ You are a boy.
너는 소년이다.

◆ 동사를 찾아라!

❶ They play soccer.
그들은 축구를 한다.

❷ I play the piano.
나는 피아노를 연주한다.

◆ 목적어를 찾아라!

❶ They like us.
그들은 우리를 좋아한다.

❷ I like tomatoes.
나는 토마토를 좋아한다.

◆ 보어를 찾아라!

❶ He is a teacher.
그는 선생님이다.

❷ She is a student.
그녀는 학생이다.

Q4.
다음 문장의 밑줄 친 단어들의 품사를 찾으면 장미가 집으로 돌아갈 수 있어요. 줄을 그어 바르게 연결해 보세요.

❶ Ruy is a boy.
루이는 소년이다.

❷ She is a princess.
그녀는 공주다.

❸ I eat a tomato.
나는 토마토를 먹는다.

❹ He is kind.
그는 친절하다.

❺ She is very fast.
그녀는 매우 빠르다.

- 대명사
- 동사
- 부사
- 형용사
- 명사

나 돌아 갈래!

2장 명사

Q1. 루이와 에드워드가 명사를 찾고 있어요. 다음 문장에서 명사를 찾아 동그라미 해 보세요.

정답

❶ This is a (flower).
이것은 꽃이다.

❷ They live in Korea.
그들은 한국에 산다.

❸ I have a book.
나는 책 한 권을 가지고 있다.

명사야,
어디 있니?
내 이름도
명사인데…

Q2. 샤를의 구슬 안에는 셀 수 있는 명사만이 들어갈 수 있어요. 다음 〈보기〉에서 셀 수 있는 명사를 골라 써 보세요.

보기

| desk | water | love |
| air | cap | math |

정답

❶ _______________

❷ _______________

어떤 명사를
고르실래요?
❶ ___ ?
❷ ___ ?

Q3.

장미가 명사의 단수형과 복수형을 찾으려고 해요. 아래의 〈보기〉에서 단수형과 복수형을 골라 빈칸에 써 보세요.

보기

dogs, houses, tree
bird, flower, desks

단수형 🍎 (한 개)	복수형 🍎🍎 (두 개 이상)

Q4.

에드워드는 장미가 쓴 문장을 고쳐 주려고 해요. 다음 문장의 밑줄 친 부분을 바르게 고쳐 빈칸에 써 보세요.

❶ I need two bag.
나는 가방 두 개가 필요하다.

bag ▶ _______________

❷ I want two pencil.
나는 연필 두 자루를 원한다.

pencil ▶ _______________

❸ We have five apple.
우리는 사과 다섯 개를 가지고 있다.

apple ▶ _______________

❹ I know five girl.
나는 다섯 명의 소녀를 알고 있다.

girl ▶ _______________

복수형의
변화를 기억해
보세요.

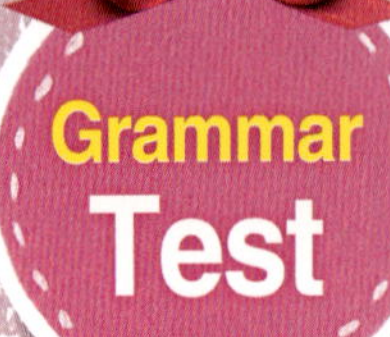

3장 명사의 복수형과 셀 수 없는 명사

Q1. 루이와 에드워드가 장미를 위해서 문제를 냈어요. 여러분도 장미와 함께 문제를 풀어 보세요.

대부분의 셀 수 있는 명사 뒤엔 -s를 붙여요! 한번 고쳐 볼래요?

-s, -sh, -ch, -x로 끝나는 명사는 어떻게 고치더라?

정답

❶ pencil 연필 ▶ ______________ 연필들

❷ girl 여자아이 ▶ ______________ 여자아이들

❸ tree 나무 ▶ ______________ 나무들

❶ bus 버스 ▶ ______________ 버스들

❷ dish 접시 ▶ ______________ 접시들

❸ box 상자 ▶ ______________ 상자들

Q2. 장미가 토마토 세 개를 사려고 하는데, 명사의 복수형을 잘못 말했어요. 잘못 말한 부분을 바르게 고쳐 보세요.

three tomato 주세요!

정답

tomato

▼

____

tomato의 복수형은 무엇일까요?

Q3. 루이는 장미에게 셀 수 없는 명사를 찾아보라고 했어요. 다음 중 셀 수 없는 명사를 골라 써 보세요.

정답 예   air

____

____

____

Q4. 〈보기〉에 있는 명사를 보고 각 표에 알맞은 단어를 찾아 써 보세요.

보기 air 공기, Ruy 루이, love 사랑, music 음악, water 물, Monday 월요일

정답

물질 명사	추상 명사	고유 명사
 	감정이나 개념을 나타내는 명사는 추상 명사!	사람, 나라, 도시의 이름, 요일은 고유 명사!
❶	❶	❶
❷	❷	❷

4장 셀 수 있는 명사의 규칙 변화 & 불규칙 변화

Q1. 

다음은 장미가 식사 자리에서 잘못 말한 문장이에요. 밑줄 친 부분을 바르게 고친 것을 〈보기〉에서 골라 동그라미 해 보세요.

We have ten strawberry!

보기
① strawberrys
② strawberryes
③ strawberries
④ strawberrves

Q2.

루이와 장미는 네 장의 나뭇잎들을 보았어요. 그런데 장미가 나뭇잎의 복수형을 잘못 말했어요. 잘못 말한 부분을 바르게 고쳐 보세요.

Wow, four leafs!
No, four

정답
leafs
▼
leafs는 어떻게 고칠까요?

루이와 장미는 불규칙하게 변하는 명사의 복수형을 외우기로 했어요.
다음 빈칸에 불규칙하게 변하는 명사의 복수형을 써 보세요.

❶ fish 물고기	▶ _______________ 물고기들	
❷ sheep 양	▶ _______________ 양들	
❸ goose 거위	▶ _______________ 거위들	
❹ child 어린이	▶ _______________ 어린이들	

장미의 옷장이에요. 옷장 속에는 복수형으로 쓰지 않아도 되는 명사
가 한 개 있어요. 그것을 골라 동그라미 해 보세요.

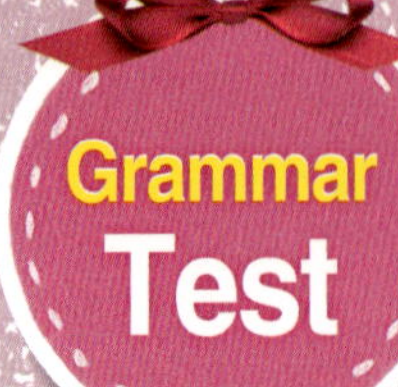

5장 관사

Q1. 에드워드가 장미의 숙제를 도와주려고 해요. 다음 문장의 밑줄 친 부정 관사의 의미를 찾아 바르게 연결해 보세요.

정답

❶ I am a student.
나는 학생이다.

❷ I have a book.
나는 책 한 권을 가지고 있다.

❸ I go to school once a day.
나는 하루에 한 번 학교에 간다.

- a. 하나의 (one)
- b. 직업, 신분
- c. 마다, 매~

Q2. 다음 〈보기〉를 보고 알맞은 부정관사와 단어의 짝을 찾아 아래의 빈칸에 써 보세요.

보기

정답

a +	an +

후훗, 관사를
찾으면 내가 누군지
힌트를 주지!

Q3. 가짜 루이가 장미에게 보낸 편지예요. 두 개의 문장에 있는 관사를 찾아 각각 동그라미 해 보세요.

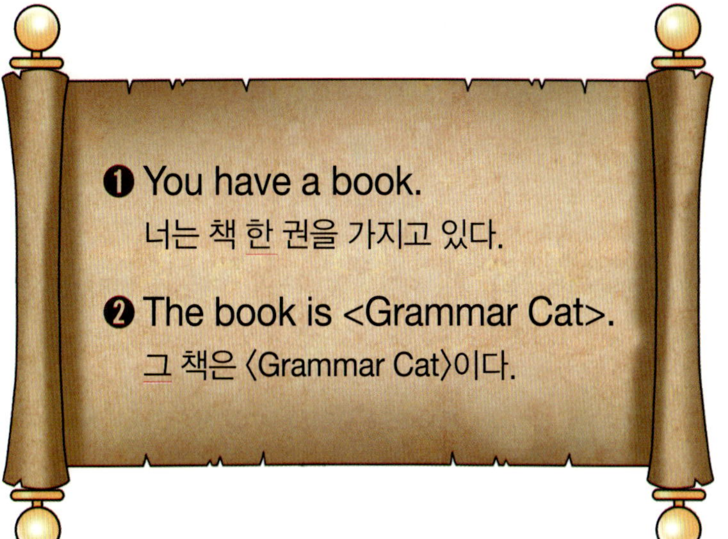

❶ You have a book.
너는 책 한 권을 가지고 있다.

❷ The book is <Grammar Cat>.
그 책은 〈Grammar Cat〉이다.

Q4. 축구 경기를 응원하던 장미가 정관사의 쓰임을 잘못 말했어요. 잘못 말한 부분을 바르게 고쳐 보세요.

They play the soccer.
그들은 축구를 한다.

보기

정답 They play the soccer.
▼

____

_______________________ .

바르게
고쳐 볼래?

Writing Test

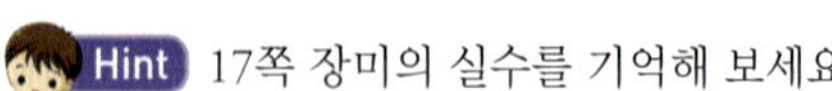

17쪽 장미의 실수를 기억해 보세요!

01. 다음 문장에서 잘못된 부분을 찾아 바르게 고쳐 써 보세요.

1 the girl is smart. (그 소녀는 똑똑하다.)

2 Thisisabook (이것은 책이다.)

60쪽 명사의 복수형을 떠올려 보세요!

02. 다음 밑줄 친 부분을 바르게 고쳐 문장을 다시 써 보세요.

1 They have ten <u>tomato</u>. (그들은 10개의 토마토를 가지고 있다.)

2 I need three <u>dish</u>. (나는 세 개의 접시가 필요하다.)

03. 다음 밑줄 친 부분에 들어갈 단어를 써 보세요.

1 나는 일요일을 좋아한다.

I like ________________ .

2 나는 매일 우유 한 잔을 마신다.

I drink a ______________ of milk every day.

04. 다음 빈칸을 채우고 문장을 다시 써 보세요.

1 I am (   ) student. (나는 학생이다.)

____

2 Look at (   ) girl. (저 소녀를 봐!)

____

정답

Q1. 루이가 영어 카드를 마구 섞었어요. 이 중에서 단어 카드와 문장 카드를 구분해 보세요.

student
He is tall.
tall
are
You are a student.
정답
단어 카드
are
tall
student
문장 카드
You are a student.
He is tall.

Q2. 고양이 친구들이 말하는 영어와 우리말의 차이가 무엇인지 참고하여 (보기)의 잘못된 문장을 바르게 고쳐 보세요.

보기

amonkeyeatsbananas.
해석 : 원숭이가 바나나를 먹는다.
문장의 맨 앞 글자는 대문자여야 해!
문장은 모든 단어를 띄어 써야 해.

정답 A monkey eats bananas.

Q3. 친구들의 말을 읽고 각 문장에 따른 문장의 기본 요소를 찾아 동그라미 해 보세요.

주어를 찾아라!
❶ I am a girl.
나는 소녀이다.
❷ You are a boy.
너는 소년이다.
동사를 찾아라!
❶ They play soccer.
그들은 축구를 한다.
❷ I play the piano.
나는 피아노를 연주한다.

목적어를 찾아라!
❶ They like us.
그들은 우리를 좋아한다.
❷ I like tomatoes.
나는 토마토를 좋아한다.
보어를 찾아라!
❶ He is a teacher.
그는 선생님이다.
❷ She is a student.
그녀는 학생이다.

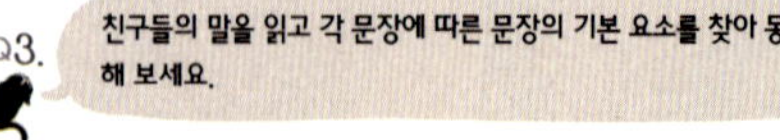

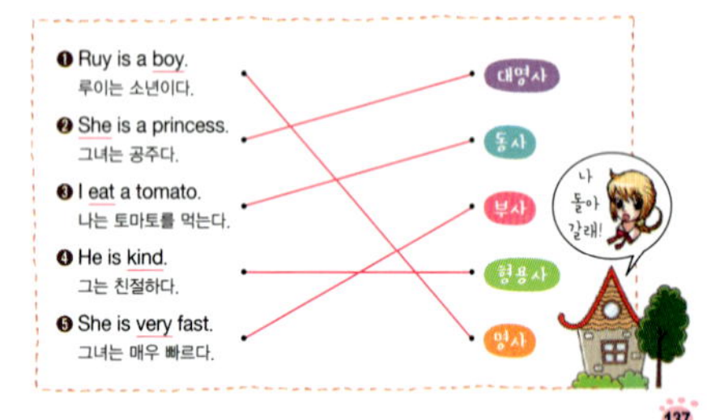

Q4. 다음 문장의 밑줄 친 단어들의 품사를 찾으면 장미가 집으로 돌아갈 수 있어요. 줄을 그어 바르게 연결해 보세요.

❶ Ruy is a boy.
루이는 소년이다.
❷ She is a princess.
그녀는 공주다.
❸ I eat a tomato.
나는 토마토를 먹는다.
❹ He is kind.
그는 친절하다.
❺ She is very fast.
그녀는 매우 빠르다.
대명사
동사
부사
형용사
명사
나 돌아 갈래!

Q1. 루이와 에드워드가 명사를 찾고 있어요. 다음 문장에서 명사를 찾아 동그라미 해 보세요.

정답
❶ This is a flower.
이것은 꽃이다.
❷ They live in Korea.
그들은 한국에 산다.
❸ I have a book.
나는 책 한 권을 가지고 있다.
명사야, 어디 있니?
내 이름도 명사인데…

Q2. 샤롤의 구슬 안에는 셀 수 있는 명사만이 들어갈 수 있어요. 다음 (보기)에서 셀 수 있는 명사를 골라 써 보세요.

보기 desk water love air cap math

어떤 명사를 고르실래요?

정답
❶ desk
❷ cap

Q3. 장미가 명사의 단수형과 복수형을 찾으려고 해요. 아래의 (보기)에서 단수형과 복수형을 골라 빈칸에 써 보세요.

보기 dogs, houses, tree bird, flower, desks

단수형 (한 개)	복수형 (두 개 이상)
tree	dogs
bird	houses
flower	desks

Q4. 에드워드는 장미가 쓴 문장을 고쳐 주려고 해요. 다음 문장의 밑줄 친 부분을 바르게 고쳐 빈칸에 써 보세요.

❶ I need two bag.
나는 가방 두 개가 필요하다.
bag ▶ bags
❷ I want two pencil.
나는 연필 두 자루를 원한다.
pencil ▶ pencils
❸ We have five apple.
우리는 사과 다섯 개를 가지고 있다.
apple ▶ apples
❹ I know five girl.
나는 다섯 명의 소녀를 알고 있다.
girl ▶ girls
복수형의 변화를 기억해 보세요.

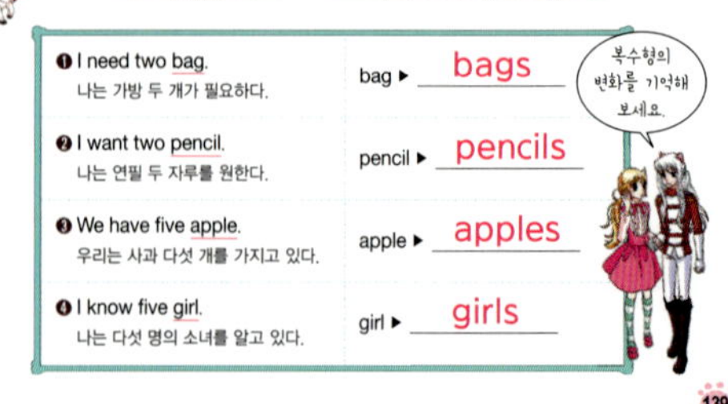

3장 명사의 복수형과 셀 수 없는 명사

Q1. 루이와 에드워드가 장미를 위해서 문제를 냈어요. 여러분도 장미와 함께 문제를 풀어 보세요.
대부분의 셀 수 있는 명사 뒤엔 -s를 붙여요! 한번 고쳐 볼래요?
-s, -sh, -ch, -x로 끝나는 명사는 어떻게 고치더라?
정답
❶ pencil 연필 ▶ pencils 연필들
❷ girl 여자아이 ▶ girls 여자아이들
❸ tree 나무 ▶ trees 나무들
❹ bus 버스 ▶ buses 버스들
❺ dish 접시 ▶ dishes 접시들
❻ box 상자 ▶ boxes 상자들
Q2. 장미가 토마토 세 개를 사려고 하는데, 명사의 복수형을 잘못 말했어요. 잘못 말한 부분을 바르게 고쳐 보세요.
three tomato 주세요!
정답
tomato ▼ tomatoes
tomato의 복수형은 무엇일까요?
Q3. 루이는 장미에게 셀 수 없는 명사를 찾아보라고 했어요. 다음 중 셀 수 없는 명사를 골라 써 보세요.
① air 공기
② sky 하늘
③ water 물
④ flower 꽃
⑤ rain 비
⑥ tree 나무
꽃이 하나, 둘, 셋!
셀 수 없는 명사를 찾아봐!
정답
air
sky
water
rain
Q4. 〈보기〉에 있는 명사를 보고 각 표에 알맞은 단어를 찾아 써 보세요.
보기 air 공기, Ruy 루이, love 사랑, music 음악, water 물, Monday 월요일
정답
물질 명사 | 추상 명사 | 고유 명사
일정한 형태가 없는 명사는 물질 명사!
감정이나 개념을 나타내는 명사는 추상 명사!
사람, 나라, 도시의 이름, 요일은 고유 명사!
❶ air 공기 | ❶ love 사랑 | ❶ Ruy 루이
❷ water 물 | ❷ music 음악 | ❷ Monday 월요일

4장 셀 수 있는 명사의 규칙 변화 & 불규칙 변화

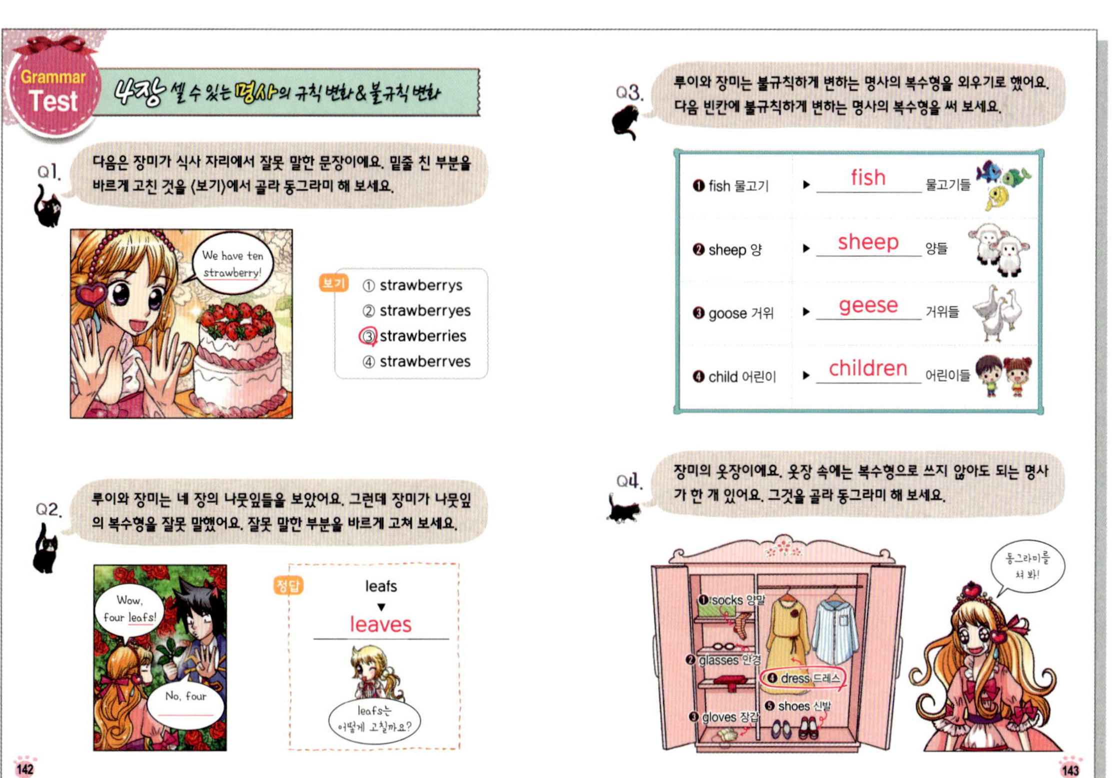
Q1. 다음은 장미가 식사 자리에서 잘못 말한 문장이에요. 밑줄 친 부분을 바르게 고친 것을 〈보기〉에서 골라 동그라미 해 보세요.
We have ten strawberry!
보기
① strawberrys
② strawberryes
③ strawberries
④ strawberrves
Q2. 루이와 장미는 네 장의 나뭇잎들을 보았어요. 그런데 장미가 나뭇잎의 복수형을 잘못 말했어요. 잘못 말한 부분을 바르게 고쳐 보세요.
Wow, four leafs!
No, four
정답
leafs ▼ leaves
leafs는 어떻게 고칠까요?
Q3. 루이와 장미는 불규칙하게 변하는 명사의 복수형을 외우기로 했어요. 다음 빈칸에 불규칙하게 변하는 명사의 복수형을 써 보세요.
❶ fish 물고기 ▶ fish 물고기들
❷ sheep 양 ▶ sheep 양들
❸ goose 거위 ▶ geese 거위들
❹ child 어린이 ▶ children 어린이들
Q4. 장미의 옷장이에요. 옷장 속에는 복수형으로 쓰지 않아도 되는 명사가 한 개 있어요. 그것을 골라 동그라미 해 보세요.
동그라미를 쳐 봐!
❶ socks 양말
❷ glasses 안경
❸ gloves 장갑
❹ dress 드레스
❺ shoes 신발

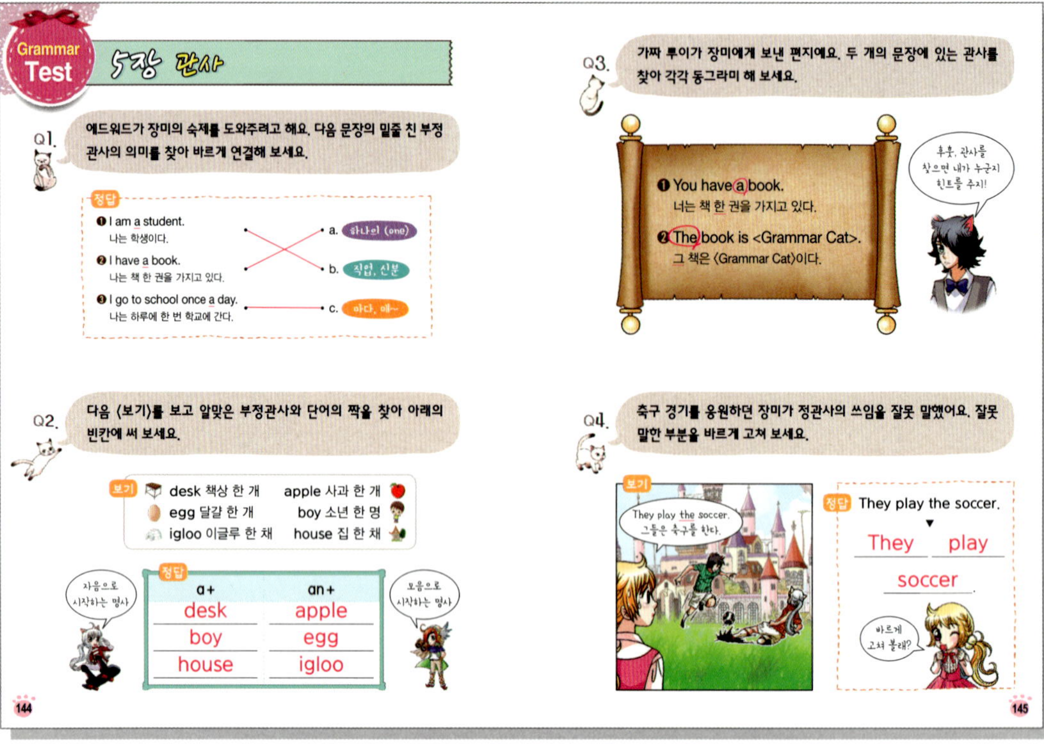

Grammar Test
5장 관사

Q1. 에드워드가 장미의 숙제를 도와주려고 해요. 다음 문장의 밑줄 친 부정관사의 의미를 찾아 바르게 연결해 보세요.

정답
❶ I am a student.
나는 학생이다.
❷ I have a book.
나는 책 한 권을 가지고 있다.
❸ I go to school once a day.
나는 하루에 한 번 학교에 간다.

a. 하나의 (one)
b. 직업, 신분
c. 마다, 매~

Q2. 다음 (보기)를 보고 알맞은 부정관사와 단어의 짝을 찾아 아래의 빈칸에 써 보세요.

보기
desk 책상 한 개   apple 사과 한 개
egg 달걀 한 개   boy 소년 한 명
igloo 이글루 한 채   house 집 한 채

자음으로 시작하는 명사
모음으로 시작하는 명사

정답
a +   an +
desk   apple
boy   egg
house   igloo

Q3. 가짜 루이가 장미에게 보낸 편지예요. 두 개의 문장에 있는 관사를 찾아 각각 동그라미 해 보세요.

❶ You have a book.
너는 책 한 권을 가지고 있다.
❷ The book is <Grammar Cat>.
그 책은 〈Grammar Cat〉이다.

후훗, 관사를 찾으면 내가 누군지 힌트를 주지!

Q4. 축구 경기를 응원하던 장미가 정관사의 쓰임을 잘못 말했어요. 잘못 말한 부분을 바르게 고쳐 보세요.

보기
They play the soccer.
그들은 축구를 한다.

정답
They play the soccer.
▼
They play soccer.

바르게 고쳐 볼래?

144   145

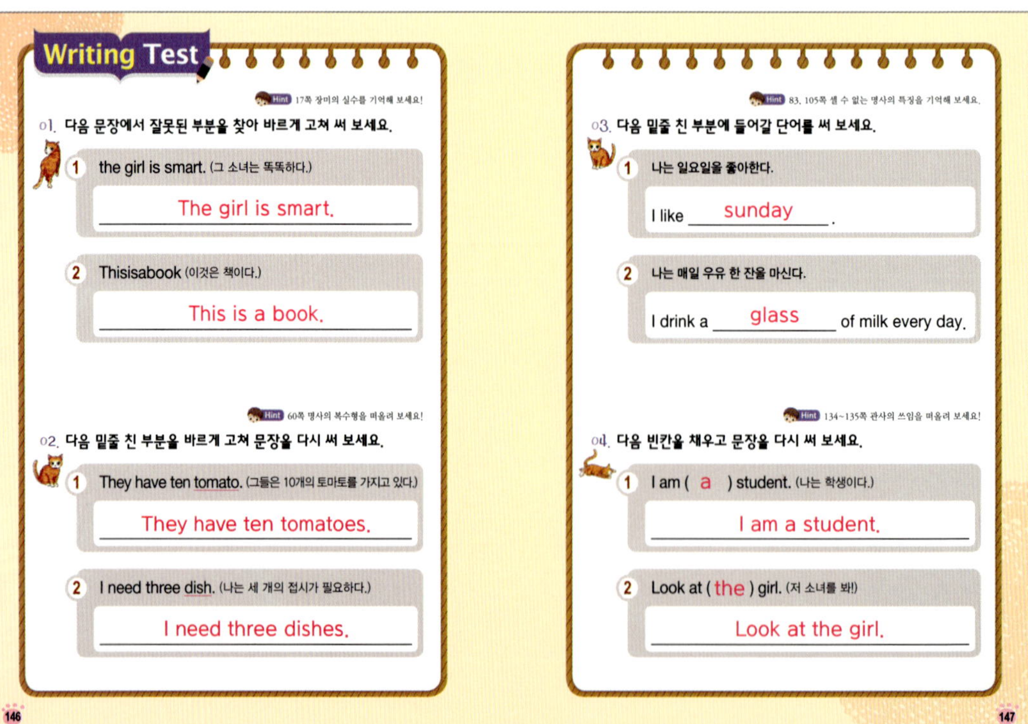

Writing Test

Hint 17쪽 장미의 실수를 기억해 보세요!

01. 다음 문장에서 잘못된 부분을 찾아 바르게 고쳐 써 보세요.

1 the girl is smart. (그 소녀는 똑똑하다.)
The girl is smart.

2 Thisisabook (이것은 책이다.)
This is a book.

Hint 60쪽 명사의 복수형을 떠올려 보세요!

02. 다음 밑줄 친 부분을 바르게 고쳐 문장을 다시 써 보세요.

1 They have ten tomato. (그들은 10개의 토마토를 가지고 있다.)
They have ten tomatoes.

2 I need three dish. (나는 세 개의 접시가 필요하다.)
I need three dishes.

Hint 83, 105쪽 셀 수 없는 명사의 특징을 기억해 보세요.

03. 다음 밑줄 친 부분에 들어갈 단어를 써 보세요.

1 나는 일요일을 좋아한다.
I like sunday .

2 나는 매일 우유 한 잔을 마신다.
I drink a glass of milk every day.

Hint 134~135쪽 관사의 쓰임을 떠올려 보세요!

04. 다음 빈칸을 채우고 문장을 다시 써 보세요.

1 I am (a) student. (나는 학생이다.)
I am a student.

2 Look at (the) girl. (저 소녀를 봐!)
Look at the girl.

146   147